4 ESO
Valores éticos

A. Baig, M. Baig,
S. Codina, N. Navàs,
I. Pizarro

TEIDE

Advertencia

De acuerdo con la ley, este libro de texto no es un material fungible; por lo tanto, los ejercicios propuestos no deben ser resueltos en él, sino en el cuaderno del alumnado. Si en el libro se dejan espacios en blanco, recuadros vacíos o líneas de puntos, es simplemente para que el alumnado tenga un modelo o una pauta de resolución.

Cubierta
La Page

Diseño de maqueta
Naono, S. L.

Maquetación
Admagraf

Ilustraciones
Kaffa

Fotografías
Archivo Teide, AGE, Shutterstock

Realización técnica
R. M.ª del Castillo, A. Muñoz

Primera edición
Tercera impresión, 2020

info@editorialteide.com
www.editorialteide.com

ISBN: 978-84-307-8766-1
Depósito legal: B 15885-2016
Impreso en Rol-Press, S.L.

Índice

BLOQUE I

LA DIGNIDAD DE LA PERSONA

UNIDAD 1
El ser humano en la Declaración Universal de los Derechos Humanos 6

1. La dignidad de la persona, fundamento de los derechos humanos en la DUDH 8
2. Los atributos esenciales del ser humano: razón, conciencia y libertad 11
3. Valores inherentes a la dignidad humana 12

BLOQUE II

LA COMPRENSIÓN, EL RESPETO Y LA IGUALDAD EN LAS RELACIONES INTERPERSONALES

UNIDAD 2
Los derechos de la persona, las influencias sociales y sus límites éticos y jurídicos 18

1. La DUDH, los derechos y libertades individuales 20
2. La reflexión ética y la socialización global 22
3. Los medios de comunicación de masas y sus límites éticos 24

BLOQUE III

LA REFLEXIÓN ÉTICA

UNIDAD 3
La ética y los retos del siglo XXI 30

1. Los nuevos retos de la ética en el siglo XXI 32
2. Los grandes intereses políticos y económicos 34
3. El proyecto ético de vida para el hombre contemporáneo 36

UNIDAD 4
Las éticas formales 40

1. La ética formal kantiana 42
2. Las éticas dialógicas 47

BLOQUE IV

LA JUSTICIA Y LA POLÍTICA

UNIDAD 5
La democracia como forma de vida ciudadana y el papel del Estado en el siglo XXI 54

1. La democracia como única forma legítima de gobierno 56
2. La crisis del Estado ante el neoliberalismo y la globalización 58
3. La democracia y los valores ético-políticos 62

BLOQUE V

LOS VALORES ÉTICOS, EL DERECHO Y LA DUDH

UNIDAD 6
La legislación, su legitimidad y la aplicación de los derechos humanos 68

1. La función de la ley como garantía de un Estado justo 70
2. La desobediencia civil y la objeción de conciencia 72
3. Rawls y la justicia como equidad e imparcialidad 74

UNIDAD 7
Los derechos humanos 78

1. La DUDH como ideal irrenunciable de la humanidad 80
2. Los derechos humanos y los retos del siglo XXI 82
3. Diferencias en el ejercicio de los derechos humanos 85
4. Instituciones y voluntariado en pro de los derechos humanos 86

UNIDAD 8
El derecho a la seguridad y la paz como principio ético y deber cívico 90

1. La seguridad y la paz como condiciones para el ejercicio de los derechos humanos 92
2. Las nuevas amenazas para la paz y la seguridad 96
3. La misión de las Fuerzas Armadas de España 100
4. Los compromisos internacionales de España 102

BLOQUE VI

LOS VALORES ÉTICOS Y SU RELACIÓN CON LA CIENCIA Y LA TECNOLOGÍA

UNIDAD 9
Ciencia, tecnología y dilemas morales 106

1. La necesidad de la reflexión ética de la ciencia y la tecnología y los dilemas morales 108
2. Investigación, aplicación científica y tecnología 110
3. Dos campos cruciales donde revisar la ética de la investigación científica 111
4. Ciencia y ética: la deontología de los científicos 115

En el Real Decreto 1105/2014, de 26 de diciembre, por el que se establece el currículo básico de la Educación Secundaria Obligatoria y del Bachillerato, se afirma que la materia de Valores Éticos «debe centrarse en dotar a los alumnos y alumnas de los instrumentos de racionalidad y objetividad necesarios para que sus juicios valorativos tengan el rigor, la coherencia y la fundamentación racional que requieren con el fin de que sus elecciones sean dignas de guiar su conducta, su vida personal y sus relaciones sociales». Para conseguirlo, desglosa este objetivo general en otros tres que corresponden a los tres ejes en que se estructura el currículo básico:

- contribuir al pleno desarrollo de la personalidad humana en el respeto a los principios democráticos de convivencia y a los derechos y libertades fundamentales;
- potenciar la autonomía del joven para que se convierta en el principal agente de su propio desarrollo, asumiendo de modo consciente, crítico y reflexivo el ejercicio de la libertad;
- favorecer la construcción de una sociedad libre, igualitaria, próspera y justa, mediante la participación activa de ciudadanos conscientes y respetuosos de los valores éticos, reconociendo los derechos humanos como referencia universal para superar los conflictos, defender la igualdad, el pluralismo político y la justicia social.

Estos objetivos deben enmarcarse dentro de uno de los pilares básicos de la Ley Orgánica 8/2013, de 9 de diciembre, para la Mejora de la Calidad Educativa, que entiende la educación como «el aprendizaje por competencias». «La competencia –se dice en el texto de la ley– supone una combinación de habilidades prácticas, conocimientos, motivación, valores éticos, actitudes, emociones, y otros componentes sociales y de comportamiento que se movilizan conjuntamente para lograr una acción eficaz». Así pues, aunque «ser competente» en algo significa, básicamente, saber actuar de un modo determinado, no puede entenderse su aprendizaje como un puro adiestramiento al modo como los animales aprenden a realizar determinadas conductas. Por tanto, sería una equivocación plantear la enseñanza simplemente como un conjunto de «actividades» que estimulen el ejercicio de las habilidades propuestas. Ciertamente, como decía Aristóteles, es «actuando» como se aprende a «actuar». Pero la actuación humana es mucho más compleja que la puesta en práctica de unas destrezas desarrolladas a base de repetición de actos. Esto es así en la adquisición de los primeros hábitos, pero pronto entran en juego todos los elementos citados (conocimientos, emociones, motivación, actitudes, etc.) y cada vez adquieren más importancia, de modo que debe ir introduciéndose paralelamente la reflexión sobre la propia actuación. Pero, aunque parezca paradójico, eso no se consigue a base de teoría, aunque esta es necesaria como la brújula que dirige el proceso de enseñanza-aprendizaje. Por eso, en el libro se han incluido explicaciones un poco amplias que no necesariamente deben ser «estudiadas» al modo tradicional por los alumnos, sino que han de servir de guía, básicamente al profesor. Es él precisamente quien sabe cómo usar en cada caso el material que el libro proporciona. Todos sabemos que en cualquier aprendizaje, y en el de los valores de manera especial, no son las explicaciones ni las buenas recomendaciones los factores decisivos, sino sobre todo el ejemplo y la coherencia entre lo que se dice y lo que se hace.

En el decreto al que nos referimos, se reiteran las **siete competencias clave** definidas en la ley. Como, de hecho, sin menoscabo de lo dicho en el párrafo anterior, es en las actividades propuestas donde se concretan y ejercitan estas competencias, al lado de cada una de las actividades propuestas en el libro se indica, mediante los iconos que aparecen en el esquema adjunto, aquella o aquellas competencias que más se trabajan en cada una.

Tal como también se indica en el mismo decreto, de estas competencias, hay unas que son más específicas de la materia Valores éticos y, por tanto, son también las que más se trabajan en todas las unidades. Por supuesto que, tratándose de una materia de tipo filosófico, como es la ética, ha de tener como objetivo básico aquellas competencias «relativas al pensamiento crítico y la resolución de problemas», en palabras del propio decreto.

Pero, como ninguna de las competencias definidas por la ley lleva este nombre de manera explícita, ya que queda incluida en las demás de un modo transversal, en el libro se ha añadido con el nombre de «razonamiento y espíritu crítico» (RC). Las otras dos también más propias de esta materia son la competencia social y cívica (CSyC) y la de aprender a aprender (AA), aunque, por supuesto, hay algunas, como la competencia comunicativa, que tienen en todas las materias un papel fundamental. Por eso, esta competencia se ha desglosado en los dos aspectos básicos que incluye: la comprensión (CCc) y la expresión (CCe).

En el esquema adjunto se han desplegado en forma de mapa conceptual las indicaciones y el currículo que aparece en el decreto ministerial tal como se ha plasmado en este libro.

VALORES ÉTICOS

OBJETIVO GENERAL

cotar al alumnado de

→ instrumentos de
- racionalidad
- objetividad

para que

→ sus juicios valorativos tengan
- rigor
- coherencia
- fundamentación racional

para

→ guiar su conducta
- personal
- social

→ se desglosa en ejes
- desarrollo de la personalidad
- autonomía personal: ejercicio de la libertad
- contribución a la construcción de una sociedad libre y justa

RECURSOS DIDÁCTICOS

CURRÍCULO

Parte 1.ª Ámbito general

- BLOQUE I Dignidad de la persona
  - UNIDAD 1 La persona y su dignidad
- BLOQUE II Relaciones interpersonales
  - UNIDAD 2 La personalidad y los valores éticos
- BLOQUE III Reflexión ética
  - UNIDAD 3 La ética y los retos del siglo XXI
  - UNIDAD 4 Las éticas formales

Parte 2.ª Ámbito aplicado

- BLOQUE IV La justicia y la política
  - UNIDAD 5 La democracia, la vida ciudadana y el Estado
- BLOQUE V Los valores éticos, el derecho y la DUDH
  - UNIDAD 6 La legislación y los derechos humanos
  - UNIDAD 7 Los derechos humanos
  - UNIDAD 8 El derecho a la seguridad
- BLOQUE VI La ciencia y la tecnología
  - UNIDAD 9 Ciencia, tecnología y dilemas morales

APRENDIZAJE POR COMPETENCIAS

- COMUNICACIÓN LINGÜÍSTICA Y COMPRENSIÓN
- EXPRESIÓN
- COMPETENCIAS BÁSICAS EN CIENCIA Y TECNOLOGÍA
- COMPETENCIA DIGITAL
- APRENDER A APRENDER
- COMPETENCIAS SOCIALES Y CÍVICAS
- INICIATIVA Y ESPÍRITU EMPRENDEDOR
- CONCIENCIA Y EXPRESIONES CULTURALES
- RAZONAMIENTO Y ESPÍRITU CRÍTICO

En esta unidad hablaremos de:

- La dignidad humana como el valor del que parte y en el que se fundamenta la Declaración Universal de los Derechos Humanos (DUDH).
- El origen de la DUDH y los atributos de la personalidad.
- El conocimiento, la racionalidad y la libertad.
- La libertad y la conciencia moral como consecuencia de nuestra autonomía, la responsabilidad en nuestros actos.
- Los valores inherentes a la dignidad humana: el «derecho a la vida», la vida digna, la fraternidad, etc.
- La violación de los derechos humanos: la pena de muerte, la tortura, el trato degradante, las mutilaciones, etc.
- Derechos fundamentales en un estado democrático: la igualdad ante la ley y el juicio justo.

El ser humano en la Declaración Universal de los Derechos Humanos

UNIDAD 1

El exilio republicano español de 1939 desde la perspectiva de las mujeres

El éxodo republicano español de finales de enero y principios de febrero de 1939 condujo al departamento francés de los Pirineos Orientales a un contingente de población que se sitúa en torno a las 465 000 personas. Su procedencia geográfica era muy diversa, con un predominio de catalanes y aragoneses. También se daba una diferenciación social, profesional y por lo que se refiere a la adscripción política. Era todo un colectivo el que se veía obligado a exiliarse, pues, junto a los restos de un ejército en derrota, a los dirigentes políticos, a los cuadros de la administración republicana, iban mujeres, niños, ancianos... No hay datos exactos sobre el volumen de mujeres y niños que formaban parte de este éxodo. Se estima que, de la cifra mencionada, unas 170 000 personas eran población civil. Nada más pasar a Francia, los españoles eran agrupados en campos de selección. Se producían entonces las separaciones familiares. La mayoría de las mujeres y niños eran conducidos en camiones o trenes hacia distintos pueblos del interior de Francia, donde eran alojados en refugios improvisados. Una parte acabaron en los campos de la arena. Muchas mujeres, desesperadas por las condiciones en las que se encontraban, claudicaron ante las presiones que ejercía el gobierno francés para que retornaran a España.

Alicia ALTED VIGIL. *Arenal: Revista de historia de las mujeres*, vol. 4, núm. 2, (julio-diciembre 1997)

a) Busca información en Internet y compara la situación que vivieron los refugiados republicanos españoles con la que están viviendo los refugiados sirios actualmente. ¿Por qué huían? ¿De cuántas personas desplazadas estamos hablando aproximadamente en cada conflicto?

b) ¿Cuáles han sido las condiciones de su exilio? ¿Con qué medios de transporte se han exiliado? ¿Cómo los recibieron los países receptores en cada caso?

c) ¿Cuál ha sido el destino final de la mayoría de las personas desplazadas? ¿Los desplazados republicanos pudieron regresar a sus hogares? ¿Qué dificultades legales y burocráticas se encontraron al intentar regresar?

1. La dignidad de la persona, fundamento de los derechos humanos en la DUDH

La **dignidad humana** es el derecho que tiene toda persona por el mero hecho de existir y es lo que, en esencia, nos hace a todos **iguales**; todas las personas tenemos exactamente la misma dignidad. Cada uno de nosotros y nosotras tenemos el **derecho de ser valorados y respetados** en las mismas condiciones por los demás como seres individuales y sociales, con nuestras características y condiciones particulares, irrepetibles y únicas.

La palabra *dignidad* (del latín *dignitas*, etimológicamente 'excelencia') es quizá la característica humana más importante, ya que dota de valor a todas las demás. Toda persona humana se caracteriza por ser **racional**, **histórica**, **perfectible e irrepetible**, **tener intimidad**, **ser social**, **ser libre y responsable**; pero, sobre todo, por estar dotada de **dignidad**. Porque la dignidad implica el reconocimiento de la **condición humana y el respeto de su existencia**, pues todas las personas somos **únicas e irrepetibles**; pero también **perfectibles**, de forma que podemos cambiar y mejorar.

Lamentablemente, es una constante en la historia de la humanidad negar la **dignidad humana** para justificar los atentados contra ella. La historia nos muestra un cúmulo siniestro de crueldades, guerras, genocidios, torturas, injusticias: hambre y miseria para la mayoría y sobreabundancia para la minoría. En el siglo XX se vivieron dos de las guerras más mortíferas de todos los tiempos y se produjeron los genocidios más vergonzosos.

Ante tales desastres, se formaron organismos internacionales como la ONU para abrir vías pacíficas de solución de conflictos. También consensuaron un conjunto de derechos inviolables de todas las personas sin excepción, que se plasmaron en la **Declaración Universal de los Derechos Humanos (DUDH)**.

La importancia de la DUDH es doble: en primer lugar, representa una **síntesis y una concreción de derechos** que, aunque vertebrada sobre la tradición europea de los derechos naturales, aspira a ser suficientemente amplia como para integrar todas las tradiciones culturales de nuestro planeta (tiene un pretendido **carácter universal**).

En segundo lugar, la Declaración es importante por el **consenso** que la apoya. Fue aprobada por el máximo órgano representativo de las Naciones Unidas, la Asamblea General, donde cada estado tiene un representante con derecho a voto.

Las personas no solo somos lo que somos, también somos aspiraciones y proyectos personales, y a todo el mundo hay que reconocerle la posibilidad de ser algo distinto de lo que es.

Actividad

1. Define con tus propias palabras el concepto de *dignidad humana*. Busca una obra de arte que hable de ella, ya sea un texto, una pintura, música, una película, etc., y explica por qué la has elegido.

A partir de los artículos de la Declaración, podemos definir los diferentes **atributos de la personalidad**, es decir, aquellas propiedades o características de identidad de las personas, de modo que resultan inseparables de ella. Estos atributos son:

- **Nombre:** Conjunto de letras y personalidad que sirven para identificar e individualizar a una persona.
- **Nacionalidad:** Vínculo jurídico que tiene una persona con uno o varios estados.
- **Domicilio:** Lugar de permanencia de la persona.
- **Capacidad:** Aptitud que tienen las personas para adquirir derechos. Suele distinguirse entre capacidad jurídica o de goce (que siempre es irrenunciable, imprescriptible, inmutable); y capacidad de obrar o de ejercicio concreto de los derechos (puede ser limitada y variable).
- **Estado civil:** Situación particular de las personas respecto de su familia, sociedad y Estado.
- **Patrimonio:** Conjunto de derechos y obligaciones susceptibles de valorarse económicamente.

El fundamento de los **derechos humanos** recogidos en la DUDH recae en la **dignidad** de las personas; es decir, *derechos* y *dignidad* son dos conceptos indisociables en nuestra concepción ética y moral del siglo XXI, lo que no significa que siempre haya sido así, pero actualmente la dignidad ya no se adquiere; la merece cualquier ser humano por el mero hecho de serlo. No depende del grado de inteligencia, del color de la piel, del lugar de nacimiento ni del sexo, la edad, el poder o el dinero.

Por consiguiente, el primer y fundamental derecho de las personas es el **derecho a la vida y a la integridad personal**, es decir, todo el mundo tiene derecho a vivir una vida digna y libre de violencia, sin que nadie lo lastime ni coaccione. Cabe remarcar que la dignidad no se da de forma natural, si no que es un **reconocimiento o cualidad social**, fruto de nuestra herencia cultural. Los animales también pueden tener dignidad, pero es una cualidad que les otorgamos desde un punto de vista **antropocéntrico**; en las leyes de la naturaleza no hay dignidad, las leyes sociales son las que otorgan cualidades y derechos. De esta manera, la dignidad nos puede poner por encima de la **naturaleza**, pues podemos regularla y transformarla, y eso nos hace **responsables**.

Glosario

Antropocéntrico: doctrina que sitúa al ser humano como medida de todas las cosas y defiende sus intereses por encima de cualquier otra cosa.

Actividades

2. ¿Crees que los animales también tienen dignidad, o crees que solo es una cualidad humana?

Amplía

Tener dignidad significaba, inicialmente, tener «prestigio», ser «honorable», dos características que se heredaban (los nobles) o eran concedidas por las autoridades. Más tarde, se consideró que una persona podía ser merecedora de dignidad por sus méritos. Un exceso de dignidad también puede generar la sensación de que el individuo tiene unos derechos exclusivos, unos privilegios, por encima de la naturaleza e, incluso, por encima de otros individuos a los que no se considera personas humanas (como les ocurrió a los judíos, homosexuales y gitanos durante el nazismo). En la imagen, la vía ferrea que conducía a la puerta principal del campo de exterminio nazi de Auschwitz, en Polonia, en el que durante la Segunda Guerra Mundial fueron asesinadas 1,1 millones de personas.

2. Los atributos esenciales del ser humano: razón, conciencia y libertad

La dignidad es una cualidad reconocida por los seres humanos sobre sí mismos que históricamente se ha vinculado con el **conocimiento**, la **racionalidad** y la **libertad**. Muchos pensadores han relacionado la dignidad con la «**autonomía**» propia del ser humano de elegir sus propios actos, es decir, de gobernarse a sí mismo a partir del **libre albedrío** y el ejercicio de la libertad individual, en tanto que una persona que es despojada de su dignidad no puede ejercer su libertad. Según esta teoría, la **educación** es la esencia de la libertad porque permite a las personas tomar decisiones basadas en el **conocimiento** y haciendo uso de la plenitud de su inteligencia. Aunque esta forma de asignar dignidad también ha sido criticada, pues existen seres humanos que, bajo este criterio, no podrían tenerla (como los bebés, las personas con diversidad funcional, personas seniles, etc.).

Cuando nos planteamos cómo somos nos damos cuenta de que una parte importante de nuestro ser no depende de nosotros: la edad, la altura, la familia, el colegio, los vecinos, etc. Todos estos y muchos más aspectos que forman parte de nuestro ser no los hemos elegido. Efectivamente, no hemos escogido a nuestros padres, pero podemos aceptar o no sus consejos, asumir o no sus opiniones, etc. Lo mismo podemos decir respecto de los **valores y normas morales** que funcionan en nuestra sociedad: ciertamente, no los hemos escogido, ni se nos ha pedido nuestra opinión; pero podemos rechazarlos de lleno, asumirlos acríticamente o calibrarlos aceptando los que nos parezcan más razonables. En esto consiste la **libertad moral**, en no estar obligado a actuar de un modo uniforme.

Se habla de muchos tipos de libertades: libertad de expresión, libertad política, libertad religiosa..., y también se habla de **libertad de conciencia,** de **libertad de la voluntad**. En cualquier caso, implica un cierto grado de independencia, de poder **elegir** y **decidir**; implica también un cierto nivel de **autonomía**, de hacer con uno mismo lo que considere mejor. Así pues, si a pesar de los **condicionamientos** de todo tipo (políticos, jurídicos y morales) queda un margen para la **libertad**, si queda ámbito para la elección y la decisión, cada uno de nosotros es autor y responsable de esta parcela de sí mismo. Por eso la **responsabilidad** es una consecuencia de la libertad: a uno se le pueden pedir cuentas de lo que hace libremente y debe responder por ello.

Cuando practicamos un deporte, debemos dar cuenta de nuestras acciones a los compañeros de equipo o al árbitro; cuando cumplimos o no las leyes de nuestro país, debemos responder ante la sociedad y sus representantes. Pero cuando se trata de acciones meramente morales, ¿ante quién tenemos que responder? Posiblemente, también ante los demás, pero, en última instancia, solo debemos responder ante nosotros mismos, ante nuestra **conciencia moral**.

Las normas y valores morales son asumidos en la conciencia y nos permiten juzgar nuestras propias acciones como moralmente buenas o malas. La conciencia juzga y valora si nuestras acciones responden a nuestras convicciones, y nos obliga a rectificar si el juicio ha sido negativo. Finalmente, la conciencia produce en nuestro interior sensaciones y sentimientos de satisfacción o insatisfacción ante nuestros actos y actitudes. La existencia de la conciencia moral es una consecuencia de nuestra autonomía: como seres humanos, somos **libres**, **responsables** y **conscientes**, es decir, **morales**.

Glosario

Libre albedrío: doctrina filosófica que defiende que el ser humano tiene la capacidad de elegir y tomar sus propias decisiones, sin estar sujeto a presiones, necesidades o limitaciones.

Actividades

3. Define con tus propias palabras el concepto de libertad. Busca una obra de arte que hable de ella, ya sea un texto, una pintura, música, una película, etc., y explica por qué la has elegido.
4. ¿Qué relación encuentras entre los conceptos libertad y dignidad?

3. Valores inherentes la dignidad humana

El derecho a un trato digno

Las cifras sobre desnutrición, falta de sanidad y de seguridad y otras necesidades básicas son escandalosas y, a pesar de los esfuerzos de personas e instituciones para revertir estos procesos, no hacen más que aumentar. Si bien es cierto que una vida digna implica más que una buena alimentación y una buena cobertura sanitaria, estos son los aspectos más elementales para conseguirla.

Como acabamos de ver, el derecho a la vida es un derecho fundamental, pero el respeto de este derecho se puede interpretar en sentido negativo (no se puede matar) o en sentido positivo, como el derecho a una vida digna. Lamentablemente, solo goza de este derecho un tercio de la población mundial.

El derecho a la vida y a la integridad personal implica otros derechos sobre los cuales existen posiciones fuertemente distanciadas. Un ejemplo de estas discrepancias lo encontramos en el derecho a la vida, pues es un concepto que puede generar controversia porque su interpretación puede estar sujeta a posiciones religiosas o ideológicas. La **vida** no es estática, está en constante movimiento; en tanto que se trata de un proceso, es muy difícil definir un principio y un final precisos. Quizá por eso la cuestión sobre el inicio de la vida y su final siempre han generado debates en el campo de la bioética, como la legalización de la **eutanasia** y la **despenalización del aborto**. En este segundo caso, por ejemplo, se trata de una cuestión polémica porque implica un conflicto básico de derechos y valores positivos, como la autonomía y la libertad de la madre, y el derecho de la vida que se está gestando.

La violación de los derechos humanos

Ciertamente, la realidad de nuestro mundo parece contradecir todos los postulados de la DUDH, pues los hechos que ocurren a diario en nuestras sociedades a menudo van en dirección contraria a sus principios: guerras, destrucción, asesinatos, torturas, genocidios, discriminaciones de todo tipo, etc. En todos estos escenarios se dan prácticas institucionalizadas que atentan contra la dignidad humana: pena de muerte, tortura, trato degradante, mutilaciones, etc. En estos casos, hablamos de una **violación de los derechos humanos**.

Glosario

Institucionalización: convertir algo en institucional. Las instituciones son estructuras sociales que ordenan y normalizan el comportamiento de las personas, sometiéndolas a un régimen de vida concreto. Por ejemplo: la Iglesia, los gobiernos, el poder judicial, la policía, etc.

- Podríamos considerar que el atentado más grave contra la dignidad de las personas es la **pena de muerte**. A pesar de ser una práctica degradante, existen varios países en el mundo en los que la pena de muerte es legal y trae como consecuencia la muerte de más de 500 personas al año. Numerosas organizaciones como Amnistía Internacional dirigen campañas contra este tipo de práctica, contra la cual aportan diversas razones. Una de las más importantes es el peligro de ejecutar a personas inocentes, como ha pasado en algunas ocasiones en la historia. Por otro lado, una de las razones que se ha dado a favor de la pena de muerte es que es disuasiva, pero muchos estudios indican que no es así. En cualquier caso, la muerte de una persona no va a reparar el daño que ha hecho a otra, siendo injusta e inhumana.
- Otra práctica que atenta contra la dignidad de la persona es la **tortura**. Consiste en infligir daño físico o psicológico a personas para obtener una confesión o información importante. La tortura ha sido un mal presente en toda la historia de la humanidad y, para practicarla, se ha recurrido a métodos inimaginables con el fin de causar el máximo dolor. Esta práctica ha sido condenada en la DUDH y en otras muchas convenciones y pactos internacionales. No obstante, en ningún caso podríamos decir que se trata de una práctica erradicada y en algunos casos se considera que va en aumento.

Entrada de la cámara de gas de una penitenciaría del estado de Missouri, Estados Unidos.

- Finalmente, otra práctica cruel que se da en algunos países es la **mutilación**, es decir, la amputación de una parte del cuerpo como castigo. En otros casos, se practican mutilaciones justificadas por ritos o costumbres culturales, como son la ablación del clítoris, la infibulación y otras mutilaciones de los órganos sexuales femeninos.

Actividades

5. Haz una lista de los países en los que se practique de forma legal alguna de las prácticas mencionadas: pena de muerte, tortura o mutilación.

6. ¿Sabes en qué año se abolió la pena de muerte en el Estado español? ¿Quién fue el último condenado? ¿Por qué motivo? ¿Qué método de ejecución utilizaron?

7. ¿Crees que en ciertos casos la tortura es lícita para obtener información importante? ¿En qué casos (si los hay) podría estar, según tu criterio, justificada?

La fraternidad

Para no corromper la palabra *dignidad* es necesario reforzar virtudes como la **fraternidad**, la **amistad** y la **camaradería**, términos que fomentan sentimientos de afecto y de vínculo entre las personas. La fraternidad (del latín *frater*, 'hermano', 'amigo', 'aliado') va más allá del parentesco sanguíneo; la fraternidad universal es el lazo de unión entre los seres humanos basado en el respeto a la dignidad de la persona, en la igualdad de derechos y en la solidaridad de unos con otros.

La primera Declaración de los Derechos del Hombre y el Ciudadano (1789) destaca este concepto en su lema «igualdad, libertad y fraternidad», y, a lo largo de la historia, diversas corrientes filosóficas han apelado al sentimiento de **fraternidad**. Stuart Mill, filósofo liberal del siglo XIX, defiende la teoría del **utilitarismo**. Para Mill, tanto la ciencia como la justicia adquieren sentido en la búsqueda de la **felicidad general**, es decir, «el máximo beneficio para el máximo número de personas». A su vez, la defensa de la libertad individual resulta indispensable para lograr una sociedad libre. Otros pensadores, como el filósofo alemán Arthur Schopenhauer, relacionaron la fraternidad con el sentimiento de **piedad** de las personas, pues se trata de una acción **altruista** que limita el derecho natural de la ley del más fuerte. Por otro lado, la tradición socialista ha rechazado sistemáticamente la teoría liberal del utilitarismo al considerar errónea la relación entre felicidad y utilidad, al igual que la fraternidad en tanto que amistad cívica. El escritor y periodista inglés George Orwell rechaza la idea de felicidad definida como acumulación de satisfacciones, y considera la fraternidad como la meta del socialismo. Por tanto, la corriente socialista no ve la **fraternidad** como un medio, sino que la considera una aspiración en sí misma, una meta.

Actividad

8. ¿La fraternidad, es un medio o un fin en sí misma? Argumenta tu respuesta.

La justicia en la DUDH

Otro valor para garantizar la dignidad humana es la **igualdad en la justicia**. El derecho a un juicio justo ante un juez independiente e imparcial es de fundamental importancia en un estado democrático. Los componentes que debe garantizar un juicio justo se concretan en estos puntos:

- Igualdad ante la ley y los tribunales.
- Acceso a recursos judiciales justos y eficaces.
- Independencia e imparcialidad.
- Derecho a audiencias públicas.
- Derecho a ser considerado inocente.
- Derecho a ser juzgado sin demoras.
- Derecho a defenderse personalmente o por medio de un asesor legal.
- Derecho a estar presente cuando se es juzgado.
- Derecho a interrogar o a disponer que se interrogue a testigos.
- Derecho a los servicios gratuitos de un intérprete.
- Derecho a la fianza.
- El principio de **nulla poena sine lege**.

Lamentablemente, todos estos requisitos no siempre se cumplen, ya que a diario se practican cientos de detenciones de forma arbitraria y no se respeta la presunción de inocencia de las personas detenidas. Amparándose en leyes contra el terrorismo, algunos estados llevan a cabo prácticas que atentan contra los derechos fundamentales: identificaciones preventivas, violación del derecho a la intimidad, etc.

Glosario

Nulla poena sine lege: viene del latín y significa 'ninguna pena sin ley previa'. Se utiliza en derecho penal para expresar que una conducta no puede ser penada si antes no se ha calificado como delito.

Edificio del Tribunal de Derechos Humanos de Estrasburgo, donde tiene su sede la llamada Corte de Derechos Humanos europea, la máxima autoridad en este campo de la Unión Europea.

En esta unidad hemos aprendido que:

- La **dignidad humana** es el derecho que tiene toda persona por el mero hecho de existir y nos convierte a todas las personas en iguales.
- Todas las personas somos **únicas** e **irrepetibles**; pero también **perfectibles**, de forma que podemos cambiar y mejorar.
- La Declaración Universal de los Derechos Humanos es un texto de consenso universal que recoge una síntesis de los **derechos fundamentales** del ser humano.
- Los **atributos de la personalidad** son: nombre, nacionalidad, domicilio, capacidad, estado civil y patrimonio.
- La dignidad se ha vinculado históricamente con el **conocimiento**, la **racionalidad** y la **libertad**.
- La **libertad moral** consiste en no estar obligado a actuar de un modo uniforme respecto de los **valores y normas morales** que funcionan en nuestra sociedad. La **conciencia moral** nos permite juzgar nuestras propias acciones como moralmente buenas o malas y es una consecuencia de nuestra **autonomía**.
- A pesar de los **condicionamientos** de todo tipo, queda un margen para la **libertad**, la elección y la decisión. Cada uno es autor y responsable de lo que hace libremente y debe responder por ello.
- Una **vida digna** implica mucho más que una buena alimentación y una buena cobertura sanitaria. Estos son los aspectos más elementales para conseguirla.
- El concepto de **derecho a la vida** es un concepto que puede generar controversia porque su interpretación puede estar sujeta a posiciones religiosas o ideológicas.
- Existen algunas **prácticas institucionalizadas que violan los derechos humanos**: pena de muerte, tortura, trato degradante, mutilaciones, etc.
- Los **valores inherentes a la dignidad humana** son virtudes como la fraternidad, la amistad y la camaradería; fomentan sentimientos de afecto y de vínculo entre las personas.
- El **derecho a un juicio justo y la igualdad ante la ley** son derechos fundamentales en un estado democrático.

TICS de ética

1. Lee la siguiente noticia y después responde las siguientes preguntas:

   http://qr.teide.eu/00KN.

   a) ¿Te ha impactado esta noticia? ¿Eras consciente de que la pena de muerte es legal en algunos países? ¿Sabías que también se aplicaba a menores de edad?

   b) ¿Qué te sugiere la frase: «La gente acude a las ejecuciones públicas como si fuera un circo»? ¿Crees que ese es el motivo por el cual la pena de muerte es aún legal o detrás hay también intereses políticos, ideológicos o económicos?

   c) Investiga sobre otros países en los que también sea legal la pena de muerte y averigua y comenta qué legislación existe.

ACTIVIDADES DE CONSOLIDACIÓN

1. La frase «derecho a la vida» es un concepto que genera controversia, ya que puede interpretarse de distintas formas desde un punto de vista bioético. La eutanasia y el aborto, por ejemplo, son prácticas que generan partidarios y detractores con posiciones ideológicas muy distintas.

   Busca información en Internet sobre grupos partidarios y detractores de una de estas prácticas y haz una lista de argumentos a favor y en contra. Luego, ponlos en común con la clase y haced un debate con posicionamientos a favor y en contra de forma equitativa. Defender una posición con la que no se está de acuerdo es un ejercicio interesante.

2. Busca información sobre Amina Lawal. ¿De qué fue acusada? ¿Cuál fue su condena? ¿Qué opinas sobre la pena de muerte? ¿Crees que puede haber casos en los que esté justificada? ¿Cuáles?

≡ EL PAÍS

SOCIEDAD

REPORTAJE:

La triste vida de Amina Lawal

La mujer que se libró de morir lapidada tras una campaña mundial vive oprimida y pobre en una aldea del norte de Nigeria

ÁLVARO DE CÓZAR

Abuya · 29 OCT 2005

La mujer de la foto es Amina Lawal. Puede que usted sea una de las millones de personas que la salvaron de morir lapidada en septiembre de 2003 cuando, tras una larga campaña de mensajes en la Red organizada por Amnistía Internacional, un tribunal islámico del norte de Nigeria la absolvió del delito de adulterio. Dos años después de aquella salvación global (en España se recogieron dos millones de firmas), Amina ha regresado a su pueblo, Kurami, en el estado norteño de Katsina, donde vive con dos de sus cuatro hijos. Ya no es la misma. La mujer que conmovió al mundo con su imagen indefensa, permanentemente aferrada a su hija Wasila, tiene ahora 34 años. Como la mayoría de las mujeres de etnia *hausa*, una de las tres tribus mayoritarias en Nigeria, Amina sigue sin controlar su destino, en manos ahora de sus familiares más allegados, pero su mirada directa es la de quien sabe que se convirtió en un símbolo capaz de atraer la atención de millones de personas durante un año y medio. "Yo no quiero que muera nadie lapidado, pero es Alá el que decide por nosotros", dice Amina.

"Yo no quiero que muera nadie lapidado, pero es Alá el que decide por nosotros"

Kurami es un pequeño poblado de casas de adobe y techos de paja que se extienden a ambos lados de un tramo de no más de 150 metros en la carretera que lleva a la ciudad de Funtua. Sus habitantes viven de la recolección de algodón y de maíz o de la fabricación de

Amina Lawal, en las proximidades de su poblado de Kurami, en el norte de Nigeria. / ÁLVARO DE CÓZAR

3. El Preámbulo de la DUDH es una exposición de los motivos que han llevado a su redacción, es decir, explica el fundamento de los derechos humanos. Busca el texto por Internet, léelo y señala estos argumentos. ¿Crees que en el mundo se dan esas condiciones de igualdad que propugna el preámbulo? ¿Por qué? Contrasta tu investigación con la de tus compañeras y compañeros.

4. Busca un artículo en el periódico en el que se explique un hecho que conlleve una vulneración de los derechos humanos. Averigua qué artículos de la DUDH se incumplen y haz una lista. ¿Cómo podrías ayudar para que la Declaración Universal fuera respetada y acatada en tu entorno? Y en el resto del mundo, ¿podrías hacer algo?

5. Lee y reflexiona:

   «El objetivo real del socialismo es la **fraternidad humana**. [...]. Los hombres no entregan sus vidas en desgarradoras luchas políticas, o van a la muerte en las guerras civiles, o sufren la tortura en las prisiones secretas de la Gestapo, para establecer un paraíso con calefacción central, aire acondicionado y luces incandescentes, sino porque quieren un mundo en el que los **seres humanos se amen unos a otros en vez de estafarse y asesinarse** unos a otros. Y quieren ese mundo como un **primer paso**. A dónde irán a partir de allí es incierto, y el intento de anticiparlo en detalle solo produce confusión [...]. Quien intenta imaginar la perfección simplemente revela su propio vacío».

   George ORWELL (2008)

En esta unidad hablaremos de:

- Los derechos humanos y las libertades individuales. El origen de la Declaración Universal de los Derechos Humanos y los atributos de la personalidad.
- El concepto de ciudadano.
- La relación entre el ciudadano y el Estado.
- La legitimación del Estado.
- El bien común.
- La socialización en un mundo globalizado.
- Ventajas y desventajas de una socialización global.
- Ética global.
- Definición y contextualización de los medios de comunicación de masas.
- Límites éticos y jurídicos de los medios de comunicación de masas.
- La manipulación de los medios de comunicación de masas.

Los derechos de la persona, las influencias sociales y sus límites éticos y jurídicos

UNIDAD 2

Dos miembros de la compañía «Títeres desde abajo» han ido a prisión preventiva acusados de enaltecimiento del terrorismo por interpretar una obra de teatro con muñecos en el carnaval de Madrid en la que un personaje sostiene una pancarta en la que se lee «Gora Alka-ETA». El mensaje se encuadra dentro del argumento de la obra *La bruja y don Cristóbal*, gestada a medias en Barcelona y Granada a finales del año pasado, que pretende denunciar, precisamente, el uso de la amenaza terrorista para criminalizar, bajo acusaciones falsas, a elementos disidentes. [...] La abogada [de los titiriteros] no duda en tachar este caso de «censura con mayúscula» y compara la instrucción del juez [...] con la jurisprudencia franquista. «Tener que entrar a defender la sátira es tener que entrar a defender lo básico», lamenta, y pone énfasis en el delito de enaltecimiento: «Es un delito de opinión que hay que suprimir del código penal».

http://qr.teide.eu/00L8

Lee estos dos artículos de la Declaración Universal de los Derechos Humanos (DUDH) y luego responde las siguientes cuestiones:

- Artículo 18. Toda persona tiene derecho a la libertad de pensamiento, de conciencia y de religión; este derecho incluye la libertad de cambiar de religión o de creencia, así como la libertad de manifestar su religión o su creencia, individual y colectivamente, tanto en público como en privado, por la enseñanza, la práctica, el culto y la observancia.
- Artículo 12. Nadie será objeto de injerencias arbitrarias en su vida privada, su familia, su domicilio o su correspondencia, ni de ataques a su honra o a su reputación. Toda persona tiene derecho a la protección de la ley contra tales injerencias o ataques.

a) Busca más información sobre el caso de los titiriteros que representaron en Madrid la obra *La bruja y don Cristóbal*.

b) ¿Crees que esta obra conculcaba el derecho a la libertad de expresión defendida en el artículo de 18 de la DUDH? ¿Y el artículo 12 sobre el derecho a la privacidad personal?

c) ¿Qué razones esgrimió el juez para encarcelar a los titiriteros? ¿Te parece justa la medida? Razona tu respuesta.

1. La DUDH, los derechos y libertades individuales

La DUDH recoge los derechos básicos que tiene toda persona por pertenecer a la especie humana. Entendemos por básicos aquellos derechos que deben respetarse para que el ser humano pueda desarrollarse y llevar una vida digna. Una sociedad no puede ser justa si no respeta los derechos básicos. Por ejemplo, el artículo 1 de la DUDH señala la libertad y la igualdad de todas las personas. Así, un esclavo en una sociedad que defiende la esclavitud no podrá desarrollarse plenamente como ser humano.

Niños en un barrio de chabolas de Kampala, capital de Uganda. La pobreza es una de las causas principales de la desigualdad en nuestro planeta.

Es cierto que el ser humano tiene todos estos derechos pero, en la práctica, vemos que son violados diariamente. ¿Quién se encarga de asegurarse de que se cumplen estos derechos? ¿Qué mecanismos tenemos para llevarlos a cabo?

Los **Estados** modernos tienen la misión de respetar y proteger estos derechos fundamentales del ser humano. En sus constituciones recogen los derechos que tiene cada ciudadano. El mecanismo que tiene el Estado para garantizar el respeto de los derechos es redactar leyes que protejan nuestros derechos. Todos los poderes del Estado están obligados por las leyes a respetar los derechos básicos de los ciudadanos, pero ¿quiénes son los ciudadanos? ¿Somos todos ciudadanos? ¿Es ciudadano todo aquel que vive en una ciudad?

La idea de **ciudadanía** implica la pertenencia a una sociedad determinada en la que el individuo goza de ciertos derechos que todos deben respetar y ciertos deberes que todos le pueden exigir. De esta manera, podemos decir que el ciudadano goza de cierta autonomía a la hora de actuar. Puede tomar sus decisiones sin depender de nadie. La idea de ciudadano supera las ideas de vasallo, súbdito, esclavo o explotado, más propias de otras épocas aunque se siguen dando hoy en día.

Amplía

La DUDH recoge en sus tres generaciones los derechos **fundamentales** que tiene toda persona para llevar una vida plena. Estos derechos se van ampliando a medida que van cambiando los tiempos. En la era de la tecnología e Internet, podemos hablar de una cuarta generación que recoge los derechos necesarios para el desarrollo vital actual. A estos derechos fundamentales también los podemos llamar **libertades individuales**. De forma resumida, podemos decir que son: derecho a la vida, a la integridad personal, a la libertad individual, a la libertad de expresión, a la libertad de reunión, a la igualdad ante la ley, a la propiedad, al trabajo, a la sanidad, a la educación, a la libre asociación, etc.

En una democracia, el pueblo legitima el poder político. Podemos entender el **pueblo** como la unión de ciudadanos. Los ciudadanos, a través de un proceso electoral, delegan su poder en representantes políticos que escogen libremente. Así pues, el Estado está legitimado por las elecciones. Los ciudadanos delegan el poder en el Estado, y este los debe proteger.

La finalidad del Estado es lograr la felicidad y la seguridad de los ciudadanos. Entendemos el bien común como aquello de lo que se benefician todos los ciudadanos y que ayuda a que puedan conseguir el desarrollo de su proyecto vital. Esto es, que se den las condiciones necesarias para que cada ser humano pueda conseguir su propio fin en una sociedad determinada. Así pues, el Estado debe ponerse al servicio de los ciudadanos, garantizar que se cumplan los derechos de forma efectiva, aumentando la comodidad y disminuyendo las dificultades que afectan a sus vidas. Debe también facilitar a todos los ciudadanos el acceso a la cultura, la sanidad, la vivienda, y a un entorno saludable y libre de contaminación.

En resumen, el Estado es el organismo que debe velar por el cumplimiento de los derechos de los ciudadanos. El Estado recoge el poder que le cede la ciudadanía y debe legislar para proteger sus derechos.

El ciudadano debe conocer sus derechos para contrarrestar los abusos de poder. En una sociedad ideal, todos los derechos serían respetados, pero en la sociedad real vemos casos diarios de vulneración de los mismos. Por un lado, los ciudadanos no respetan los derechos de sus iguales. En otros casos vemos cómo se redactan leyes que van en contra de algún derecho determinado. En otras ocasiones, los derechos se limitan unos a otros. Así pues, si conozco mis derechos, puedo participar activamente en las urnas para garantizar que se cumplan.

Manifestación en las calles de Bruselas, Bélgica, contra las medidas económicas de la UE.

Actividades

1. Lee el siguiente texto y después responde las cuestiones que se te plantean:

«El problema es encontrar una forma de asociación que vaya a defender y proteger con toda la fuerza común a la persona y los bienes de cada asociado, y en la cual cada uno, mientras se une con todos, pueda seguir obedeciéndose solamente a sí mismo, y ser tan libre como antes.»

Jean-Jacques ROUSSEAU, *El contrato social*, cap. VI

a) ¿Cuál crees que es la idea principal del texto? ¿Crees que somos totalmente libres? ¿Crees que el Estado garantiza nuestras libertades? Razona tus respuestas.

b) Busca información sobre el Protocolo de Kioto. ¿Qué relación crees que tiene con lo tratado en el tema? ¿Crees que Estados Unidos está vulnerando algún derecho humano? ¿Crees que se puede hacer una lectura moral del Protocolo de Kioto?

c) Algunos derechos humanos se limitan entre sí. Encuentra algún ejemplo en la DUDH. Justifica tu elección. Encuentra algún ejemplo actual en el que no se respeten los artículos 12 al 17 de la DUDH. ¿Qué crees que debería hacer el Estado? Razona tu respuesta. ¿Crees que algún estado no respeta los artículos 18 al 21 de la DUDH? Pon algún ejemplo actual.

d) Realiza un esquema resumen de lo tratado en este apartado.

2. La reflexión ética y la socialización global

La **socialización** es el proceso mediante el cual interiorizamos los valores, normas y costumbres que integran nuestra personalidad. Nos ayuda a adaptarnos al entorno social del que formamos parte, tomando conciencia de lo que es aceptable y de lo que es inaceptable. En este proceso son fundamentales nuestras familias, profesores, amigos y cada vez más los medios de comunicación. Mediante la socialización, las personas interiorizamos la cultura de nuestra sociedad.

Los avances tecnológicos hacen el mundo cada vez más pequeño y global. La **globalización** es un proceso que abarca diferentes disciplinas, como la economía, la tecnología, la política y la cultura. Se basa en la comunicación e interdependencia entre los distintos países del mundo, eliminando las distancias físicas. La consecuencia de la globalización es la transformación que sufren estas disciplinas, dejando de tener un carácter local. Las distancias entre ciudades y países se acortan gracias a los avances tecnológicos.

La globalización también influye sobre la socialización, y así hablamos de una **socialización global**. Podemos destacar algunos aspectos positivos que sirven para el desarrollo moral de las personas: amigos que teníamos lejos están ahora más cerca, podemos hablar a diario con nuestros padres si nos vamos a estudiar a otra ciudad. Podemos hacer un Skype con nuestra novia desde casa antes de irnos a dormir. Podemos buscar información al instante sobre algún escritor que nos guste, podemos resolver dudas en Internet. Podemos aprender a reparar nuestros ordenadores siguiendo un tutorial en YouTube.

Sin embargo, también podemos destacar algunos aspectos negativos de la socialización global. Se da una doble dependencia: por un lado, la dependencia de los dispositivos tecnológicos. Cada vez nos cuesta más separarnos del móvil o del portátil. Cada vez nos alejamos más del contacto real con las personas. El cara a cara se está perdiendo en favor de las relaciones virtuales. La interacción entre las personas se limita progresivamente y la tecnología se interpone entre nosotros. Por ejemplo, se puede dar el caso de que alguien no tenga WhatsApp y que sus amigos dejen de comunicarse con él. Tendemos hacia el individualismo.

Por otro lado, se da una dependencia a determinadas visiones del mundo. A consecuencia de esto, muchas culturas están perdiendo sus costumbres.

Otro problema que conlleva la socialización global es el de los intereses. En la socialización, nuestras familias juegan un papel fundamental. Ellos intentan educarnos con unos valores que creen útiles

Podemos encontrar las mismas tiendas en ciudades muy lejanas entre sí, podemos viajar a cualquier parte del mundo y ver un McDonald's en Bangkock (Tailandia, en la foto): o beber una Coca-Cola. Empresas europeas o americanas tienen sus fábricas en Asia.

Un claro ejemplo de esto es Halloween, que cada vez tiene más adeptos por todo el mundo. Una tradición local se está convirtiendo en una tradición global. El peligro no es celebrar Halloween, el peligro es olvidarse de la propia cultura.

para lograr nuestra felicidad. Nuestros padres se pueden equivocar, pero siempre buscan nuestro bien. Los profesores nos dotan de conocimiento e intentan guiarnos hacia nuestra profesión. Nuestros amigos nos quieren y quieren lo mejor para nosotros.

Un mundo global necesita también de una ética global, unos derechos y unos valores válidos para todos los seres humanos en todos los lugares posibles. Deberíamos ser capaces de buscar un mínimo de valores que pudiésemos compartir y defender en todas las sociedades, sin imposiciones de las culturas dominantes, entendiendo las particularidades de las diversas sociedades. Estos valores podrían traducirse en normas exigibles para todos los seres humanos. Con este fin se realizan encuentros y estudios por todo el mundo: el Proyecto de Ética Universal de la UNESCO, la Declaración hacia una Ética Global del Parlamento de Regiones del Mundo aprobada en Chicago en 1993, el Centro de una Ética Global impulsado por el teólogo Leonard Swindler...

Amplía

En la socialización que se vive en un mundo globalizado, cada vez tenemos menos contacto con nuestros padres; las largas jornadas laborales, los precios de los pisos, los contratos basura..., hacen que el contacto con la familia sea cada vez menor. La importancia de la familia en el mundo global va en descenso. El peligro que entraña la socialización global es que existen muchos valores, normas y costumbres que nos son inculcadas por gente que no nos conoce. En muchos casos, el interés que hay detrás de la globalización es económico, así que debemos tener cuidado. Obviamente, en la socialización global, el contacto con nuestros padres, amigos y profesores puede ser igual de productivo e incluso mejor aprovechando las virtudes de la globalización, pero si no somos conscientes de los peligros que puede entrañar, acabaremos teniendo unos valores que pueden no ser adecuados para nuestra vida en sociedad.

Actividades

2. Haz una lista con los valores que has adquirido gracias a tu familia, profesores, amigos y medios de comunicación.

3. Busca información en Internet sobre lo que significa la palabra *hikikomori*. Relaciona esta enfermedad con la socialización global. ¿Qué valores no están presentes en estas personas? ¿Qué papel juegan en su sociedad? ¿Qué crees que ha fallado en la socialización de estas personas para que no puedan vivir plenamente en sociedad? ¿Crees que pueden llegar a ser felices? ¿Qué papel crees que juegan las nuevas tecnologías en el hikikomori? ¿Qué opinión te merece el hikikomori? Razona tus respuestas.

4. ¿Quién crees que ha sido tu máximo referente a la hora de dotarte de estas habilidades sociales?
   - Escuchar.
   - Dar las gracias.
   - Presentar a otras personas y presentarte a ti mismo.
   - Iniciar una conversación.
   - Pedir ayuda.
   - Disculparte.
   - Dar y seguir instrucciones.
   - Conocer los propios sentimientos.
   - Expresar los sentimientos.
   - Comprender los sentimientos de los demás.
   - Expresar afecto.
   - Resolver el miedo.
   - Pedir permiso.
   - Ayudar a los demás.
   - Evitar los problemas con los demás.
   - Responder a las bromas.
   - Emplear el autocontrol.
   - Formular una queja.
   - Superar la vergüenza.
   - Hacer frente a las presiones del grupo.
   - Tomar decisiones.

3. Los medios de comunicación de masas y sus límites éticos

Los medios de comunicación son un vehículo mediante el cual los diferentes emisores pueden informar, educar, transmitir o entretener. Podemos destacar la prensa, la televisión, la radio, las redes sociales, el cine o Internet como los más significativos.

La historia de los medios de **comunicación de masas** está ligada a los avances tecnológicos y económicos propios de una **sociedad de masas**. Esta sociedad de masas es el resultado de la sociedad industrial basada en el capitalismo. En principio, su función principal es la de reproducir la visión de la realidad de una manera objetiva para mantener informada a la sociedad. No obstante, los medios de comunicación de masas no se limitan a reproducir la realidad, también la producen. Así, pasan a formar parte de los agentes sociales que influyen en el proceso de socialización junto a la familia, profesores, amigos, etc. Los medios de comunicación modelan nuestros sentimientos, creencias, costumbres...

Como agentes socializadores, los medios de comunicación de masas entrañan ciertas virtudes y defectos que debemos tener en cuenta. Por ejemplo, nos pueden ayudar a estar mejor informados, a obtener conocimientos más amplios sobre diversos temas. En última instancia, pueden hacernos más libres. Puedo, por ejemplo, mirar en Internet opiniones de usuarios sobre una bicicleta que quiera comprar. Al tener más información sobre el producto, puedo escoger libremente qué bicicleta se ajusta a mi presupuesto.

Por otro lado, estos medios pueden llegar a generarnos falsos ideales, falsas doctrinas, pueden inculcarnos valores que no sean necesariamente buenos. Pueden llegar a manipularnos cambiando nuestros ideales. Por ejemplo, por medio de la publicidad, pueden hacernos creer que necesitamos ciertos objetos para ser felices; un coche deportivo, una televisión gigante, una ropa determinada. Para conseguir estos objetos, podemos desviarnos de nuestro proyecto vital y sustituirlo por el de trabajar para conseguir cosas, y que este conseguir cosas sea lo que me haga feliz. El problema no es que sea nuestro proyecto vital, sino que no lo hemos escogido nosotros y no somos conscientes de ello.

Así pues, podemos ver la necesidad de regulación ética sobre los medios de comunicación. Es más que probable que los otros agentes sociales no tengan intereses económicos puestos en nosotros. Lo más lógico es pensar que tanto profesores y amigos como familiares buscan nuestro bien.

Glosario

La **comunicación de masas** es el nombre que recibe la comunicación que se da entre un emisor único y un receptor masivo. Para ser considerado masivo, el receptor debe ser un número grande de individuos, heterogéneo y anónimo. Por ejemplo, cuando el telediario de TVE emite una noticia, el emisor es único (TVE) pero el receptor es masivo (los millones de personas que están viendo TVE en ese momento).

Después de ver que los medios de comunicación pueden tener efectos negativos sobre los individuos, la siguiente pregunta que nos podemos hacer es: ¿todo vale en los medios de comunicación? La respuesta que parece más sensata es no. No todo vale, pero ¿cuáles deberían ser los límites? ¿Deberían ser estos límites únicamente morales o deberían ampararse bajo el respaldo de la ley?

Los medios de comunicación tienen una gran responsabilidad a la hora de inculcar ideas como el consumo desaforado, que hace que muchas personas dediquen buena parte de su vida a comprar objetos, como por ejemplo ropa, para ser más felices.

Los defensores de las libertades individuales, como el filósofo **John Stuart Mill**, defienden que la única restricción de nuestra libertad es el daño a otras personas. Nadie debería tener la libertad de hacer daño a otro. Esta falta de libertad corresponde al campo moral, pero también tiene correspondencia con el marco legal. El Estado estaría legitimado y obligado a actuar en un caso de daño. Un ejemplo práctico es el de la libertad de expresión. ¿Pueden publicar los medios de comunicación todo lo que quieran? ¿Tienen algún límite? El límite sería que tienen derecho a publicar lo que quieran siempre y cuando no hagan daño a nadie. La problemática viene cuando calcular este daño es difícil. En muchos casos, la relación entre libertad de expresión y daño no está clara. Podemos identificar la violencia física, pero el maltrato psicológico no es tan fácil de ver. Algo similar pasa con la violencia verbal.

El Estado debe proteger con sus leyes el daño que pueden causar los medios. Por ejemplo, deben proteger la infancia, la imagen de las personas, etc. Cuando el daño está consensuado, como en el abuso del tabaco o en el alcohol, el Estado puede prohibir su publicidad, como prohíbe la publicidad engañosa o subliminal. Pero cuando el daño no está consensuado, el límite moral y legal se diluye.

Cada vez vivimos en una sociedad más audiovisual en la que, si no tenemos claro el tema de los límites, podemos llegar a ser productos televisivos. Los clientes de las televisiones no son los espectadores, sino los anunciantes. Así, la televisión contribuye a la formación de determinados tipos de personas.

Otro aspecto que debemos tener en cuenta sobre los medios de comunicación es el de la **manipulación**. En algunos casos es difícil distinguir entre manipulación e interpretación. Todos los medios, aunque pretendan cierta objetividad sobre la realidad, hablan desde unos ideales determinados. La misma noticia objetiva puede interpretarse desde diferentes puntos de vista. Únicamente hace falta mirar un par de periódicos de diferentes fuentes para contrastar las noticias y nos daremos cuenta de que la noticia no parece la misma. En estos casos, debemos tener claro que los medios no pueden ser objetivos, ya que las personas que los forman son sujetos y, aunque no lo hagan de forma voluntaria, siempre cuentan la noticia desde su experiencia.

En algunos casos, la manipulación se presenta de forma directa. Algunas imágenes son tratadas con Photoshop para quitar algún elemento, se miente sobre determinada información, etc. Pero en otros casos la manipulación es más difícil de identificar. Por ejemplo, en una fotografía que ha sido tomada con un teleobjetivo, la perspectiva se aplana y parece que hay menos distancia entre planos. Si en una noticia sale una fotografía que muestra a mucha gente en el metro, se enfatizará según cómo se ha tomado la fotografía.

En esta imagen se muestra el mismo rostro sin retoques (izquierda) y con retoques digitales (derecha). Todas las imágenes de los medios de comunicación están retocadas y manipuladas para crear efectos determinados.

Existen muchos medios para conducir el pensamiento del receptor masivo: cómo se toma la fotografía, la luz, el plano, la óptica, etc., y cada uno sirve para formar determinadas opiniones. No es lo mismo que, en un partido de fútbol de media entrada, el corresponsal de televisión dé la noticia en la parte más llena del campo que en la parte menos llena. El que se hable o no de una noticia en un diario también contribuye a generar diversas opiniones.

En resumen, los medios de comunicación tienen métodos para conducir nuestros pensamientos, sentimientos y costumbres. La base para estar prevenidos es tener claro que los medios de comunicación explican una verdad, no la «Verdad», y en algunos casos ni siquiera es una verdad.

Actividades

5. Analiza las siguientes imágenes y explica qué te sugieren:

6. Busca la misma noticia en diferentes medios (diferentes diarios, diferentes cadenas de televisión, diferentes redes sociales). ¿Crees que explican lo mismo? ¿En qué se diferencian? ¿Qué ideales están detrás de las noticias tratadas?

7. Comenta la idea principal del siguiente texto con relación a lo tratado en el tema: socialización, medios de comunicación, límites éticos y jurídicos:

«Si no estáis prevenidos contra los medios de comunicación, os harán amar al opresor y odiar al oprimido».

MALCOM X. *Chicago Defender* (28 noviembre 1962)

En esta unidad hemos aprendido que:

- Algunos derechos son fundamentales para nuestro desarrollo como personas. Estos derechos, recogidos en la DUDH, deben ser respetados y protegidos por los Estados.
- A estos derechos se los llama también *libertades individuales*.
- *Ciudadano* es aquel que pertenece a una determinada sociedad, en la que goza de ciertos derechos y tiene ciertos deberes.
- En una democracia, el pueblo legitima el poder político mediante el proceso electoral.
- La finalidad del Estado es lograr el bien común, la felicidad y la seguridad de los ciudadanos.
- El bien común es aquello de lo que se benefician los ciudadanos y que ayuda a conseguir el desarrollo de su proyecto vital.
- Es fundamental que el ciudadano conozca sus derechos para evitar abusos de poder.
- La socialización global es el proceso mediante el cual interiorizamos valores, normas y costumbres a través de agentes sociales en un mundo globalizado. Entre los agentes sociales destacamos la familia, los profesores, los amigos y los medios de comunicación.
- La globalización puede tener efectos positivos y negativos sobre la socialización.
- Un mundo global también necesita de una ética global.
- Los medios de comunicación de masas son un vehículo mediante el cual los diferentes emisores pueden informar, educar, transmitir o entretener a un receptor masivo.
- Los medios de comunicación no se limitan a reproducir realidades, también las producen. Pueden ser beneficiosos o perjudiciales.
- Es necesario limitar ética y legalmente a los medios de comunicación de masas. Si no tomamos precauciones, pueden provocar efectos negativos sobre las personas.

TICS de ética

1. Busca información sobre la revista *Charlie Hebdo* y comenta la siguiente noticia: *http://qr.teide.eu/00LA*. Relaciona la noticia con los temas tratados en clase: libertad de expresión, límites de los medios de comunicación, ética global y socialización.

2. Analiza las siguientes portadas de la revista: *http://qr.teide.eu/00LB*. ¿Crees que los casos de la revista *El Jueves* son comparables con los de *Charlie Hebdo*? ¿Crees que hay temas que la sátira no puede tratar? ¿Crees que la sátira es importante en nuestra sociedad? ¿Cómo podríamos medir el daño que puede causar una sátira?

ACTIVIDADES DE CONSOLIDACIÓN

1. Realiza un dibujo satírico sobre algún tema de actualidad. Escribe las ideas que has considerado importantes para llevar a cabo la sátira. Si no se te ocurre ningún tema, puedes hablar de los desahucios, la corrupción, la política, la pobreza, la educación, etc.

   ¿Qué límites éticos te has puesto para realizar la crítica? ¿Crees que tu dibujo podría ser censurado? ¿Crees que debería ser censurado? Razona tus respuestas.

2. Busca información por Internet de otras revistas satíricas y comenta algún caso en clave moral y legal.

3. En algunos casos, las leyes que redactan los estados para proteger los derechos de los ciudadanos entran en conflicto con los derechos humanos. Trabaja los siguientes casos.

   Artículo 13 de la DUDH

   3. Toda persona tiene derecho a circular libremente y a elegir su residencia en el territorio de un estado.

   4. Toda persona tiene derecho a salir de cualquier país, incluso del propio, y a regresar a su país.

   a) ¿Cuál crees que es la idea principal del texto? ¿Crees que somos totalmente libres? ¿Crees que el Estado garantiza nuestras libertades? Razona tus respuestas.

   b) Busca información sobre el Protocolo de Kioto. ¿Qué relación crees que tiene con lo tratado en el tema? ¿Crees que Estados Unidos está vulnerando algún derecho humano? ¿Crees que se puede hacer una lectura moral del Protocolo de Kioto?

   c) ¿Crees que es diferente en el caso de los refugiados de las guerras? ¿Crees que debería limitarse? Analiza el caso de los refugiados de la guerra de Siria analizando las leyes que formularon los diferentes estados de la Unión Europea.

   d) Busca información sobre la llamada «ley mordaza». ¿Crees que vulnera algún derecho o libertad individual? ¿Cuál? Justifica tu respuesta.

4. ¿Qué valores, normas o costumbres crees que aportan los siguientes ejemplos?
   - La serie de dibujos manga *Bola de Dragón*.
   - Las películas de Disney.
   - El cine de Hollywood.
   - Los documentales de animales.
   - El programa *Gran Hermano*.
   - Los magacines de Telecinco.
   - Los telediarios.

   Señala algún programa que fomente la cultura en la televisión actual. Analiza el sentido de la socialización en tus programas o series favoritos (no hace falta que sea televisivo, es válido cualquier medio de comunicación).

5. Busca información sobre el Centro para una Ética Global y señala su regla principal, sus principios éticos y sus principios éticos medios. Analiza los resultados en clase.

6. ¿Crees que el Estado debería limitar la libertad de alguna manera? ¿Crees que, por ejemplo, debería ser legal hacer apología del nazismo?

7. ¿Qué limites tiene mi libertad? ¿Puedo hacer todo lo que quiera? ¿Puedo decir lo que quiera? ¿Hay derechos que entran en conflicto con otros derechos? ¿Quién se encarga de poner límites? ¿Puedo igualar los derechos humanos a los derechos que tengo por ser ciudadano? ¿Cuál es la relación entre los derechos humanos y los derechos civiles?

8. ¿Se puede hacer broma de todo? ¿Se puede hacer crítica sin caer en el mal gusto? ¿Qué es el buen o mal gusto?

En esta unidad hablaremos de:

- Diferencia entre moral y ética.
- Evolución del mundo y la ética.
- Actualización de la ética.
- Tres principios fundamentales de la ética.
- Definición de *terrorismo*.
- Particularidades del terrorismo del siglo XXI.
- Motivaciones de los terroristas.
- El papel de la ética contra el terrorismo del siglo XXI.
- Condicionantes de nuestra libertad.
- El proyecto vital.
- Diferentes proyectos en mi vida.

La ética y los retos del siglo XXI

UNIDAD 3

Fechas clave del desarrollo de las biotecnologías

1909	Los factores hereditarios reciben el nombre de *genes*.
1925	Se descubre que la actividad del gen está relacionada con su posición en el cromosoma.
1943	El ADN es identificado como la molécula genética.
1952	Robert Briggs y Thomas King clonan ranas.
1953	Watson y Crick describen la estructura de la doble hélice del ADN.
1956	Se identifican los 23 pares de cromosomas de las células del cuerpo humano.
1972	Se crea la primera molécula de ADN recombinante en el laboratorio.
1973	Primeros experimentos de ADN recombinante: los genes de una especie son introducidos en organismos de otra especie y funcionan correctamente.
1977	Desarrollo de técnicas para secuenciar los mensajes químicos de las moléculas de ADN.
1981	Primer diagnóstico prenatal de una enfermedad humana por medio del análisis de ADN. Primera clonación de mamíferos: tres ratones.
1982	Se produce insulina usando técnicas de ADN recombinante.
1987	Propuesta comercial para establecer la secuencia completa del genoma humano.
1988	Primera patente de un organismo producido mediante ingeniería genética.
1989	Inyección de células, genéticamente seleccionadas, en un paciente humano.
1997	Clonación de la oveja Dolly por Ian Wilmut del Instituto Roslin de Escocia. Se crearon 277 embriones clónicos, de los que 29 fueron transferidos a una oveja hembra, logrando 13 embarazos y un solo nacimiento.
2000-2001	Se completa el mapa del genoma humano.

a) ¿Crees que la ciencia tiene límites? ¿Son todos los límites iguales? ¿Crees que debemos someter los avances tecnológicos a límites morales?

b) ¿Crees que los avances científicos harán inmortal al hombre? ¿Tendrían sentido nuestras vidas? ¿Crees que el ser humano podrá llegar a vivir cien años de media? ¿Y mil?

c) Busca información sobre las células madre y la eugenesia. ¿Qué preguntas morales puedes formular?

d) ¿Qué dilemas morales nos sugiere la clonación? ¿Estaría legitimado clonar a un ser humano para salvar a otro? ¿Estaría justificado clonar a un ser humano para conseguir una vacuna contra el cáncer?

e) ¿Es lícito, desde un punto de vista moral, que se experimente con seres humanos? ¿Alguien puede donar su cuerpo en vida para la ciencia? ¿Atenta contra algún derecho fundamental? ¿Somos dueños de nuestro propio cuerpo?

f) ¿Crees que la moral es fija o, por el contrario, evoluciona con el paso del tiempo?

1. Los nuevos retos de la ética en el siglo XXI

La **moral** es el conjunto de normas que rigen la conducta de los seres humanos desde el punto de vista de lo bueno. La **ética**, por el contrario, es la parte de la filosofía cuyo objeto de reflexión es la moral: reflexiona sobre lo que tiene valor moral, esto es, se pregunta qué es lo bueno. Para ello, examina y valora las diversas normas o principios morales, intenta encontrar los fundamentos de la moral, analiza y aclara el lenguaje y el razonamiento morales. En consecuencia, la moral engloba las normas de conducta de cada persona, mientras que la ética trata los fundamentos de estas normas y de su obligatoriedad. Así, la ética es una pieza clave para garantizar el cumplimento de los derechos humanos.

Amplía

La ética está relacionada con muchos aspectos de nuestras vidas. Se relaciona con nuestros derechos y deberes, con la forma de nuestros gobiernos, con la confianza en uno mismo y con nuestra relación con los demás. Podemos afirmar que la ética tiene que ver con la actividad humana: hablamos de una ética profesional, una ética médica, una ética política, etc.

El mundo en el que vivimos padece grandes y rápidos cambios. En apenas diez años, el mundo se ha globalizado y virtualizado. Los cambios son cada vez más vertiginosos y vienen acompañados de una serie de nuevos peligros que necesitan regularse. Debido a esta constante evolución, los problemas que sufre el ser humano también han evolucionado. Nos encontramos ante situaciones nuevas que plantean nuevos enigmas. La ética nos puede servir para dictarnos ciertos criterios adecuados a la acción humana en determinadas situaciones. Esto es, la ética puede resultar fundamental para garantizar el cumplimiento de los derechos humanos.

De esta evolución en el mundo surgen nuevas disciplinas como la bioética. La **bioética** es la rama de la ética que trata problemas derivados de aplicar ciencia y técnica. Normalmente se dan casos bioéticos en temas sanitarios, alimentación, medioambiente, procreación, etc. Uno de los peligros de los que da cuenta la bioética, y que no existía siglos atrás, es el de la modificación genética de las personas o el de la clonación. Es fundamental que la ética se vaya actualizando año tras año para señalar y actuar sobre los nuevos peligros que se van generando.

Ante estas nuevas situaciones de conflicto, la ética nos puede aportar criterios generales que nos ayuden a actuar de forma correcta. A estos criterios generales los llamamos *principios*. Principio es una afirmación fundamental de la que se derivan una serie de consecuencias o conclusiones.

Los principios se caracterizan por lo absoluto de sus exigencias, la universalidad de su validez y la inmutabilidad de su contenido. Existen muchos principios éticos como el de solidaridad, el de subsidiaridad, el de totalidad, el de complejidad, etc. Pero podemos resumirlos en tres principios éticos fundamentales que nos pueden servir para cualquier campo ético en el que nos encontremos. Los tres principios éticos fundamentales son: beneficencia y no maleficencia, respeto por las personas y justicia.

Principio de beneficencia y no maleficencia. Debemos buscar el bien de las personas que están en nuestro entorno. Puede ser un entorno laboral, económico, sanitario, etc. Y debemos evitar causar daño. Los actos que siguen este principio son los de amabilidad o caridad.

Principio de respeto por las personas. Debemos respetar a los seres humanos y tratarlos como a seres autónomos. Esto quiere decir que cada individuo es único y libre. Cada persona es autónoma y debe tomar sus propias decisiones. Debemos proteger con especial atención a aquellos que no gozan de autonomía, es decir, que son dependientes de otras personas. Es el caso de los niños y de algunos ancianos.

Principio de justicia. Debemos actuar siempre de manera justa, esto es, de manera similar en casos similares y considerando las diferencias en casos diferentes. Por ejemplo, hablando de ética laboral, es injusto que un trabajador sea castigado por llegar tarde, y que no se castigue a otro trabajador de su mismo puesto por hacer lo mismo.

Un principio que puede resumirlos todos y que encontramos en todas las culturas es el de no hacer a los demás lo que no queremos que nos hagan, y hacer a los demás lo que querríamos para nosotros mismos. Este principio sigue siendo válido y eficaz hoy en día.

La violencia en las manifestaciones, tanto por parte de las fuerzas del orden (derecha), como por parte de algunos manifestantes, contrasta con las actitudes pacíficas de otras protestas populares en las que los ciudadanos expresan su malestar por cauces legales (izquierda).

Actividades

1. Busca información y define los siguientes conceptos: eutanasia, eutanasia voluntaria, eutanasia activa, eutanasia pasiva, distanasia, adistanasia.

2. Busca información sobre Hans Jonas. ¿Crees que tiene relación con el tema? Explica sus ideas éticas fundamentales.

2. Los grandes intereses políticos y económicos

Como hemos visto en el apartado anterior, son varios los peligros que conlleva el paso del tiempo. Cada vez estamos más concienciados por garantizar el cumplimiento de los derechos humanos, pero cada vez surgen nuevos problemas. En el campo bioético, el derecho a una vida y a una muerte digna se mezclan con diferentes resultados en diversos países. En el campo laboral, algunos niños son explotados, trabajando durante muchas horas por un salario injusto. Todas estas cuestiones surgen de las evoluciones sociales, económicas, tecnológicas, etc. Cada vez estamos más concienciados con el medio ambiente, y buscamos legislar para protegerlo. La ética siempre está al servicio del ser humano para encontrar los límites y el camino correcto.

Glosario

La palabra **terrorismo** está ligada a la palabra *terror* y al sufijo *-ismo*. Según el DRAE, *terror* es miedo muy intenso; el sufijo lo intensifica hasta su sentido más exagerado. Así pues, podemos entender el terrorismo como algo que busca generar situaciones mediante actos violentos con el fin de conseguir el máximo terror posible.

En el siglo XXI se da una problemática que amenaza de manera directa los derechos fundamentales del ser humano. Los grupos armados o los también llamados *terroristas* impiden el cumplimiento de los derechos básicos.

El terrorismo del siglo XXI también ha evolucionado y tiene algunas características que lo definen:

1. Los terroristas del siglo XXI tienen armamento similar al de algunas naciones. Disponen de armamento nuclear, químico, etc. Cuentan también con el control de las redes cibernéticas. A través de ellas, son capaces de formarse e informarse. También son capaces de realizar ataques por las redes.
2. El terrorismo del siglo XXI tiene carácter global. La globalización también ha llegado al terrorismo.
3. Su violencia es indiscriminada, no distingue entre niños, mujeres, hombres, ancianos, inocentes... Su intención es hacer el máximo daño posible.
4. Sus actos son imprevisibles, no anuncian sus movimientos, no pretenden sembrar el terror, pretenden recogerlo.
5. Es capaz de crear motivaciones a los terroristas para justificar sus acciones. Estas motivaciones suelen ser religiosas, patrióticas o nacionalistas.
6. Sobre todo, el terrorismo del siglo XXI es inmoral. Pretende causar el mayor mal posible atacando los valores y dañando los derechos fundamentales de los seres humanos, deshumanizándolos y privándolos de la dignidad que posee cada persona.

¿Qué puede hacer que una persona quiera causar tanto daño? ¿Qué motivaciones puede tener un terrorista? Existen algunas motivaciones que parecen comunes en los grupos terroristas del siglo XXI.

Las ruinas de la casa cuartel de la Guardia Civil en Burgos después de un atentado de la organización terrorista ETA.

Algunas personas se encuentran en una situación personal en la que no encajan en su entorno. No tienen el respaldo de sus amigos o de sus familias. Están descontentos con sus vidas, podríamos decir que se encuentran perdidos. Poco a poco, descubren en el terrorismo el sentido que llena sus vidas. Comienzan a formar parte de una nueva «familia» en la que son escuchados y valorados. Cada vez están más interesados en las motivaciones que usan los terroristas para llevar a cabo sus actos. Hasta que al final entienden que todo el mundo se equivoca, y que su misión en la vida es la de atentar contra personas o instituciones. En este momento, el terrorista no ve a las personas contra las que va a atentar como seres humanos, las ve como un medio hacia su realización personal.

Miembros del ejército belga patrullando por las calles de Bruselas en marzo de 2016. En una serie de atentados perpetrados por terroristas islámicos murieron 35 personas (incluyendo tres de los terroristas) y otras 340 resultaron heridas.

Ahora bien, ¿cómo debemos enfrentarnos al terrorismo? ¿Qué papel juega la ética en esta guerra? ¿Sería legítimo torturar a un terrorista para que nos diera información sobre un posible atentado?

Desde un punto de vista ético, todas las personas tienen derechos irrenunciables. Nadie puede renunciar a ellos, y no se puede obligar a nadie a perderlos. Así pues, la manera más efectiva de combatir el terrorismo es respetando las leyes, la justicia, los valores y los principios en los que se basa la cultura de la libertad. Lo que pretenden los terroristas en nuestro tiempo es sembrar el miedo en la sociedad y resquebrajar el tejido social que la nutre.

Cuando para combatirlo se usan los mismos métodos que utiliza el terrorismo, se cede ante él. Con sus actos, el terrorismo atenta contra la democracia y la libertad, y pretende eliminar los principios democráticos. La ética nos señala el camino de combatir el terrorismo reafirmando con autoridad los principios democráticos que pretende garantizar. ¿Puedo defender la idea de que todos somos iguales y de que todos tenemos derecho a un juicio justo cuando torturo a un supuesto terrorista?

Actividades

3. Busca y comenta actos terroristas causados por los grupos armados mencionados en el tema.

a) ¿De dónde crees que sacan las armas estos grupos armados? ¿Quién crees que se las vende? ¿Cuál crees que es la relación que existe entre Occidente y los grupos terroristas islámicos? Documenta y justifica tus respuestas.

b) ¿Cómo crees que debería ser la guerra contra el terrorismo? ¿Crees que funciona la técnica de bombardear objetivos? ¿Cómo resolverías estos conflictos?

4. Analiza esta noticia: *http://qr.teide.eu/OOLD.*

a) Expón las ideas principales del texto.

b) ¿Qué relación crees que tiene esta noticia con la globalización y la socialización?

c) ¿Qué relación crees que existe entre el terrorismo y la reflexión ética?

d) ¿Cuál crees que es el papel de la ética con relación al terrorismo?

3. El proyecto ético de vida para el ser humano contemporáneo

Nuestra vida no está programada desde un inicio. Nosotros debemos escoger qué hacer con ella. Ciertamente, son muchos los condicionantes que restringen nuestras posibilidades de elección, empezando por la dotación genética que hemos recibido y el entorno familiar y social en el que hemos nacido.

Obviamente, no tiene las mismas oportunidades una persona con una gran dotación intelectual y emocional, nacida en un entorno de riqueza cultural y material, que otra con menor dotación genética, nacida en el seno de una familia pobre y desestructurada. Pero esto no es determinante. A cada persona se le abren siempre posibilidades cuyo provecho dependerá, en gran parte, de las decisiones que tome en cada momento. Pero, eso sí, cada decisión que tomamos condiciona, a su vez, las siguientes.

Nuestra libertad no nos viene dada, sino que es algo que debemos ir conquistando cada día. Depende de nosotros ser cada vez más libres. En este proceso, es fundamental la educación tanto intelectual como emocional.

Conforme vamos dejando la adolescencia y adquirimos autonomía, debemos empezar a plantearnos lo que podemos llamar nuestro **proyecto vital**: qué y cómo queremos ser.

Plantearse proyectos es fundamental para la vida humana, pues son la base del ejercicio de nuestra libertad. Nos planteamos proyectos constantemente: cuando pensamos qué haremos el fin de semana, cómo prepararemos un examen, qué asignaturas optativas escogeremos, qué haremos durante las vacaciones, etc. Algunos tienen menos importancia que otros, en el sentido de que no tienen mucha repercusión en el cómputo global de nuestra vida, pero otros sí la tienen.

Nuestro proyecto vital incluye todos los aspectos de nuestra vida: personal, sentimental, social, profesional, etc. Por supuesto, uno de los más importantes será nuestro proyecto laboral, dado que, de alguna manera, condicionará los demás.

Uno de los primeros que tendrá cierta repercusión en nuestra vida futura será nuestra decisión de seguir estudiando o no y qué estudiaremos o qué trabajo buscaremos. Así pues, el proyecto laboral va íntimamente ligado al proyecto vital, ya que se influyen mutuamente. La pregunta «¿qué quieres ser de mayor?» siempre se refiere a la profesión, aunque sea más importante decir qué tipo de persona queremos ser: honrada o tramposa, solidaria o egoísta, etc. En cualquier caso, la profesión tiene una importancia fundamental en qué y cómo seremos, pues, además de ser la fuente de los recursos materiales y ocupar la mayor parte de nuestro tiempo, imprimirá cierto carácter a nuestra forma de ser.

Para adaptarnos al mercado laboral que se da en un mundo en constante y vertiginoso cambio, es fundamental una buena educación. También nos será útil la capacidad de ser creativos y emprendedores. Estos nuevos valores son muy valiosos en la era actual. También la ética está entrando en el mercado laboral. Las empresas incorporan nuevos valores que van más allá de la pura ganancia material. La preservación del medioambiente o la realización personal de los trabajadores están orden del día en el mundo empresarial.

Actividades

5. Comenta las siguientes frases:
   - «Yo soy yo y mis circunstancias» (José Ortega y Gasset).
   - «Vacía los bolsillos para llenar la mente, que la mente repondrá con creces los bolsillos» (Benjamin Franklin).
   - «Las especies que sobreviven no son las más fuertes ni las más inteligentes, sino aquellas que se adaptan mejor al cambio» (Charles Darwin).
   - «El fracaso es simplemente la oportunidad para comenzar de nuevo, en esta ocasión con más inteligencia» (Henry Ford).
   - «Estamos condenados a ser libres» (Jean Paul Sartre).

6. ¿Qué significa la palabra *vocación*? ¿Crees que la vocación es innata o adquirida? ¿Cuál crees que es tu vocación?

7. ¿Qué límites crees que nos imponen las siguientes circunstancias?
   - estudios
   - lugar en el que vives
   - mi físico
   - mi intelecto
   - mi voluntad

8. ¿Cómo crees que puede intervenir tu proyecto laboral en tu proyecto vital? ¿Cuál crees que es primordial? Escribe una redacción explicando en qué consiste tu proyecto vital y relaciónalo con todos los proyectos que se relacionen con él (afectivo, laboral, familiar, económico, etc.).

En esta unidad hemos aprendido que:

- La moral engloba las normas de conducta de cada persona, mientras que la ética trata los fundamentos de estas normas y su obligatoriedad.
- La ética es fundamental para mediar en los conflictos que se derivan de los constantes cambios. Es fundamental una actualización de la ética.
- La ética está presente en muchos aspectos de nuestras vidas: ética laboral, ética profesional, etc.
- Los principios se caracterizan por ser universales, inmutables y absolutos.
- Los tres principios fundamentales de la ética son: beneficencia y no maleficencia, respeto por las personas y justicia.
- El terrorismo es uno de los problemas del siglo XXI. El terrorismo pretende generar situaciones mediante actos violentos con el fin de conseguir el máximo terror posible.
- Los terroristas del siglo XXI están fuertemente armados, dominan las redes cibernéticas, actúan en todo el mundo, su violencia es indiscriminada, sus actos son imprevisibles y carecen de moralidad.
- La ética apuesta por combatir el terrorismo reafirmando con autoridad los principios democráticos que defiende la DUDH.
- Somos necesariamente libres, aunque limitados por nuestra genética, educación, posición social y cultural, etc.
- A medida que vamos dejando la adolescencia y adquirimos más autonomía, crece la importancia de nuestro proyecto vital.
- Nuestro proyecto vital responde a qué y cómo queremos ser.

TICS de ética

1. ¿Sabes quién es Karen Ann Quinlan? Busca información sobre ella y responde las siguientes preguntas: ¿crees que existía este problema hace mil años? ¿Crees que las personas tienen derecho a una vida digna? ¿Qué significa una vida digna? ¿Tenemos derecho a interrumpir nuestra vida? ¿Puede alguien decidir por nosotros? ¿Como actuarías en una situación similar según los principios éticos? ¿Crees que alguien podría pensar de forma diferente? Razona tus respuestas. Compara el caso de Karen con el de Ramón Sampedro.

2. Analiza la siguiente noticia: *http://qr.teide.eu/00LM.*

   a) ¿A dónde crees que nos llevará el mundo de aquí a cinco años? ¿Y diez? ¿Y cincuenta?

   b) ¿Qué crees que estarás haciendo dentro de cinco, diez y cincuenta años?

   c) ¿Sería diferente el caso si Nancy hubiese dejado un testamento en el que dejase claro que no querría vivir de esa manera? ¿Puede un médico desconectar a una persona que sabe que no va a volver a vivir? ¿Tiene derecho a hacerlo? Relaciona el caso de Nancy con los derechos humanos y encuentra argumentos que valgan para defender y para refutar la eutanasia.

ACTIVIDADES DE CONSOLIDACIÓN

1. Busca información en Internet sobre el Informe Belmot. ¿Crees que es importante una regulación ética en la medicina? Pon ejemplos de situaciones médicas que susciten preguntas éticas.

2. Busca información en Internet sobre el juramento hipocrático. ¿Qué relación puede tener el juramento hipocrático con algún ejemplo bioético? ¿Crees que se puede causar un mal para conseguir un bien? Razona tus respuestas.

3. ¿Cuáles crees que serán las preocupaciones de los seres humanos dentro de cinco siglos? ¿Crees que la ética seguirá siendo importante? Razona tus respuestas.

4. Busca ejemplos en el mundo del deporte de ética deportiva. Los ejemplos pueden ser positivos o negativos.

5. Analiza las siguientes problemáticas según los principios éticos:
   - Calentamiento global.
   - Homofobia.
   - Acoso escolar.
   - Globalización de la pobreza.
   - Inmigración.

6. Analiza las siguientes frases:
   - «Nadie puede aterrorizar a toda una nación, a menos que todos nosotros seamos sus cómplices» (Edward R. MURROW).
   - «El terrorismo nace del odio, se basa en el desprecio de la vida del hombre y es un auténtico crimen contra la humanidad» (Juan Pablo II).
   - «¿Por qué aprendemos a temer al terrorismo pero no al racismo, al sexismo/machismo ni a la homofobia?» (Angela DAVIS).
   - «No olvidemos nunca que el terrorismo es, en el fondo, en su naturaleza maligna, una guerra psicológica» (Norm COLEMAN).
   - «El fin del terrorismo no es solo matar ciegamente, sino lanzar un mensaje para desestabilizar al enemigo» (Umberto ECO).

7. Descompón tu vida en los proyectos más importantes que la componen.
   - ¿Qué y cómo quieres ser? ¿Qué harás para conseguirlo? Escribe una redacción ordenada que responda estas preguntas.
   - Escoge tres profesiones que te gusten. ¿Qué cualidades debes tener para trabajar en cada una de ellas? ¿Qué te aportaría cada trabajo? ¿Qué horario crees que tendrías en cada una? ¿Cuánto crees que ganarías? ¿Crees que la persona que quieres ser depende del trabajo que escojas?

El terrorismo se nutre del clima de violencia de la guerra, la desigualdad y el rechazo. En la imagen, el bombardeo de aviones de la OTAN en una localidad de Irak controlada por el Estado Islámico (Daesh), movimiento radical islamista.

Un agente de policía de la ciudad de Nueva York se convirtió hace poco en la estrella de las noticias vespertinas gracias a esta sorprendente actuación: mientras hacía su ronda a solas, encontró por casualidad 35 000 dólares de dinero blanqueado procedente del tráfico de drogas, se apoderó de ellos... ¡y los presentó como prueba! Los medios de comunicación dieron mucha resonancia al caso. Los periodistas se deshicieron en alabanzas ante tamaña honestidad. El alcalde le recompensó con una medalla a la integridad.

A mí la noticia también me alegró [...] hasta que escuché al agente explicar por qué lo había hecho. Confesó que había pensado quedarse con el dinero, pero luego cayó en la cuenta de que su pensión valía mucho más. Dijo que no quería correr el riesgo de quedarse sin pensión si lo atrapaban. «¿Cómo iba a comprometer mi seguridad económica por treinta y cinco mil dólares?», razonó. Esto me hizo pensar. Me pregunté cómo hubiera reaccionado este mismo policía si hubiese encontrado un alijo que valiera más que su pensión. De haber seguido su propio razonamiento, se lo habría apropiado sin pensárselo dos veces.

Lou Marinoff, *Más Platón y menos Prozac*, cap. 11

Las éticas formales

UNIDAD 4

a) ¿Estuvo bien lo que hizo (es decir, la acción) el policía? ¿Y por qué lo hizo (la razón o el motivo de su actuación)? Justifica tus respuestas.

b) Si la respuesta a las dos preguntas anteriores no coinciden, ¿cómo calificarías globalmente su actuación desde el punto de vista moral? ¿Qué es lo que más importa, la acción o la intención con que se hace?

c) Podemos analizar su razonamiento desde un punto de vista lógico o pragmático y desde un punto de vista moral. Desde el primero, seguramente todos estaríamos de acuerdo: es mejor no tener una ganancia gratuita (el dinero hallado) si esta nos pone en riesgo de perder mucho más (la pensión de jubilación). Pero ¿y desde el punto de vista moral? El autor del libro comenta que en su razonamiento se encuentra implícita la siguiente premisa: «Cumpliré la ley siempre y cuando obtenga más cumpliéndola que quebrantándola». Si es así, ¿crees que este policía se rige por un buen principio moral?

d) ¿Estás de acuerdo con esta afirmación: «Lo que importa es cumplir la ley y no las razones por las que se cumple»? Razona tu respuesta.

e) Toda la prensa calificó la actuación del policía como admirable por su honestidad. Pero también puede ser valorada de otro modo según bajo qué valores o contravalores la examinemos. Explica por qué puede calificarse de ingenua, cobarde, sincera y egoísta. Por ejemplo, podría ser calificada de *ingenua*, de *cobarde*, de *sincera* o de *egoísta*. Explica desde qué punto de vista en cada caso.

En esta unidad hablaremos de:

- Qué es la materia y la forma de una acción.
- Distinción entre éticas materiales y éticas formales.
- Qué entiende Kant por deber moral.
- Qué es un imperativo hipotético y un imperativo categórico.
- En qué consiste la buena voluntad.
- Qué es la autonomía moral.
- Por qué la ética kantiana es formal, categórica y autónoma.
- En qué consiste la dignidad de la persona humana.
- Las éticas dialógicas como derivación de la ética kantiana.
- Cuáles son los principios y las condiciones del diálogo ideal.
- El consenso como fundamento de los valores morales.
- Por qué las éticas dialógicas son las más adecuadas para nuestro mundo globalizado.

1. La ética formal kantiana

Materia y forma de las acciones

¿Es malo matar a alguien? Por supuesto. Pero supongamos que un enfermero inyecta un medicamento a una enferma que, por error del farmacéutico, no es el que le había recetado el médico. Si esta enferma muere a causa de esta inyección, ¿se puede acusar al enfermero de homicidio? Está claro que no, puesto que su intención no era matarla, sino lo contrario. Imaginemos ahora que el enfermero es pariente de la enferma y, para cobrar la herencia, decide inyectarle un fármaco mortal, pero se equivoca y le inyecta el medicamento que necesita. Esta acción habrá sido buena para la paciente, pero ¿diríamos que el enfermero ha obrado bien? Evidentemente, no, ya que su intención era matarla. En el primer caso, el enfermero tendrá problemas con la justicia, ya que habrá matado a una mujer, pero no con su conciencia. En cambio, en el segundo caso sucede al revés, no tendrá problemas con la justicia, porque legalmente ha obrado bien, pero moralmente lo ha hecho mal.

Para examinar estos casos, vemos que hay que distinguir dos aspectos en la propia acción: aquello en lo que consiste esta acción, su **materia** o **contenido**, y la intención con que se ha llevado a cabo, su **forma**. Materialmente, la primera acción es un homicidio y, como tal, una acción mala; en cambio, la segunda es una curación y, por tanto, una buena acción. Si miramos la intención, la voluntad con que se ha hecho cada una, sucede justo lo contrario: la primera responde a una buena intención y la segunda, a una mala intención. Desde este punto de vista, lo que hace buena o mala una acción no es su materia (lo que se hace), sino su forma (la voluntad con la que se hace).

El filósofo alemán Immanuel Kant (1724-1804) afirmó que solo puede considerarse como buena o mala, desde el punto de vista moral, la **voluntad** con la que se actúa y nunca la acción. En los sistemas morales que hemos estudiado en cursos anteriores, lo que hacía buena o mala un acción era la propia acción: era buena si servía para alcanzar el fin propuesto (placer, felicidad, autorrealización, etc.) y mala en caso contrario. Así, para el hedonismo, una acción era buena si producía placer y mala si producía dolor. En estos sistemas (hedonismo, utilitarismo, eudemonismo, etc.), la intención no decide la bondad o maldad. En cambio, para Kant, lo único que puede considerarse bueno o malo es la voluntad con que se hace un acto, pero no el acto en sí. Dice Kant: «Ni en el mundo ni, en general, fuera del mundo, es posible pensar en nada que pueda considerarse como bueno sin restricción a no ser una **buena voluntad**».

Actividades

1. Imaginemos que una científica inventa un producto alimentario barato y de alto poder nutritivo no con la intención de hacerse rica, sino para ayudar a paliar el hambre de los necesitados. Al cabo de un tiempo se descubre que, los que lo han tomado, han contraído una grave enfermedad. ¿Cómo crees que calificaría esta acción un utilitarista? (Recuerda que el criterio utilitarista era «el mayor placer para la mayoría»). ¿Y Kant? Justifica tu respuesta.

El deber y la buena voluntad

En principio, por lo que se ha dicho anteriormente, podría parecer que, si realmente la única intención de la científica de la actividad anterior era ayudar a paliar el hambre de los necesitados, Kant consideraría la acción como buena, independientemente del resultado. Pero esto habría que matizarlo. ¿Qué es lo que Kant entiende por «buena voluntad»? Cuando lo que uno hace lo hace únicamente porque cree que es su **deber**.

Amplía

Supongamos que un hijo cuida de su padre enfermo y viejo: ¿es una buena acción? La mayoría respondería que sí. Sin embargo, Kant diría que, en sí misma, esta acción no es buena ni mala; lo que la hace buena o mala es la voluntad con la que se hace. Si lo hace por obediencia, porque siempre ha temido a su padre o porque le da pena su estado, aunque sea una acción elogiable, no puede considerarse buena moralmente. Incluso podría ser moralmente mala si lo hace para que su padre dicte testamento a su favor. Solo será moralmente buena si lo hace porque cree que **es su deber**, que el deber de un hijo es cuidar de su padre, y no por otro motivo. El deber, según Kant, no está condicionado por nada. Cuando se hace algo para conseguir otra cosa, o por otro motivo que no sea el cumplimiento del deber, este acto, por elogiable que sea, no tiene mérito moral. Así, en el ejemplo de la actividad anterior, si la científica inventa el alimento barato porque le da lástima la multitud de niños hambrientos, no tiene mérito moral, pues no lo hace solo porque cree que es su deber.

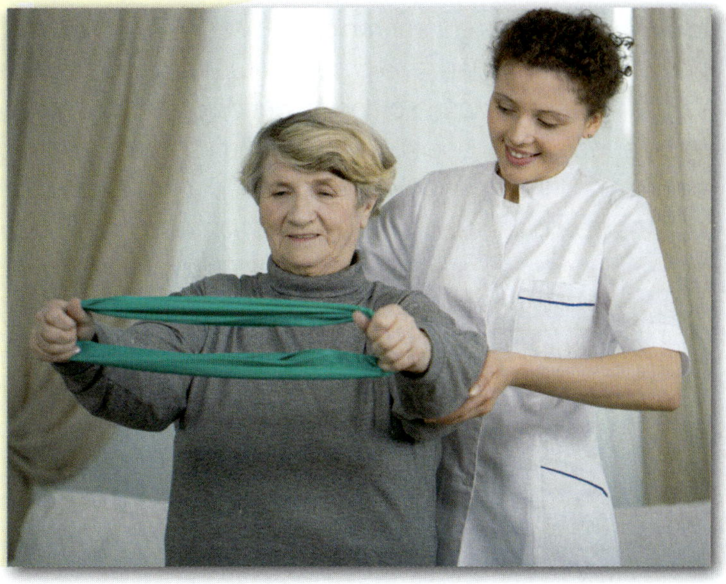

El imperativo categórico y la ley moral

El deber siempre se presenta en forma de imperativo: «debes pagar el billete del autobús», «debes respetar a tus compañeros», etc. Kant distingue dos tipos de imperativos:

- El **imperativo hipotético** está condicionado por un fin: solo estoy obligado a pagar el billete si quiero coger el autobús.
- El **imperativo categórico** obliga sin condición alguna: debo respetar siempre a mis compañeros porque es mi deber, independientemente de que de esta acción yo obtenga un beneficio o no.

Actividades

2. Analiza la conducta del policía del texto introductorio desde el punto de vista material y desde el punto de vista formal. ¿Qué diría Kant de esta conducta?

3. Busca el significado de los términos *deontológico* y *teleológico*. ¿Por qué a la ética kantiana se la ha calificado de ética deontológica y, a las demás (hedonismo, utilitarismo, etc.), de éticas teleológicas?

El **deber moral** es justamente el **imperativo categórico** y, por tanto, la buena voluntad es aquella que actúa bajo el imperativo categórico o, como también dice Kant, aquella que actúa por «puro respeto a la ley», porque la ley moral es el imperativo categórico. Esta ley, por tanto, no nos indica **qué** debemos hacer, sino **cómo** debemos actuar.

¿Cuál es entonces esta ley moral? Por supuesto que no puede ser una lista de obligaciones y prohibiciones, como «Hay que pagar las deudas», «No se debe insultar a nadie», etc., porque entonces ya se nos diría *qué* es lo que debemos hacer y *qué* debemos evitar, es decir, la **materia**. Pero hemos dicho que la ley solamente nos puede decir el *cómo*, la **forma** como debemos actuar. Esta ley, que, como hemos dicho, es el imperativo categórico, se expresa en lo que Kant llama las *máximas de actuación*. En sus obras expone varias fórmulas; la más conocida es la llamada *máxima de la universalidad*: «Obra siempre de tal manera que la máxima de tu actuación pueda convertirse en ley universal». Supongamos, por ejemplo, que me encuentro un sobre con una cantidad importante de dinero sin identificar. ¿Me lo puedo quedar en vez de depositarlo en la oficina de objetos perdidos? Según la máxima kantiana, debería razonar así: «¿Podría yo promulgar una ley que dijera que cualquier persona que se encuentre una cantidad importante de dinero se lo puede quedar?». Si sinceramente creo que sí, incluso si soy yo quien lo ha perdido, puedo quedármelo con toda tranquilidad. Sin embargo, es difícil pensar que quien lo pierda pueda estar de acuerdo con esta ley. Lo que indica la máxima es que yo no puedo actuar en interés propio, tratándome de modo distinto a los demás.

Actividades

4. De los siguientes imperativos, distingue los hipotéticos y los categóricos:

- Si eres testigo en un juicio, debes decir la verdad.
- Debes llegar antes de las diez porque es la norma establecida.
- Debes poner los garbanzos en remojo antes de cocerlos.
- Para ganarte la confianza de los demás, debes mostrarte amable con ellos.
- Si te insultan, no debes contestar con otros insultos.
- Debes empezar el vendaje del pie por los dedos para que aguante bien.
- Cuando te encuentres con un accidente, debes socorrer a las víctimas.
- Si una persona mayor va de pie en el autobús, debes cederle el asiento.

5. Kant distingue varias clases de acciones según su relación con el deber: conformes al deber; contrarias al deber; por deber.

a) Di a qué clase pertenece cada una de las siguientes acciones:

- Como mi compañero va flojo en química, le he ayudado a estudiar con la condición de que él, que es un «manitas», me ayude a hacer las láminas de dibujo.
- He ayudado a mi compañera a estudiar porque creo que debemos ayudarnos los unos a los otros.
- Mi compañera me ha pedido que la ayude a hacer los trabajos; pero ¿qué se ha creído? ¡Que se esfuerce como yo!
- He salido con mi compañero porque me da pena, ya que el pobre es tan poco agraciado que todas las chicas se apartan de él.

b) ¿Cuáles de estas acciones son moralmente buenas, según Kant?

La autonomía moral, base de la dignidad humana

Al no existir, pues, un código normativo que me indique qué acciones son buenas y cuáles son malas, yo debo decidir en cada situación qué debo hacer. Nadie puede decírmelo, ya que entonces lo haría no porque es mi deber, sino porque me lo mandan, es decir, actuaría no *por deber*, sino *por obediencia*. Al hecho de que sea yo y no otro quien debe decidir cuál es mi deber Kant lo llama **autonomía moral**: una persona actúa con autonomía moral cuando no está sometida a nada externo, solo a su propia razón. La palabra viene de los términos griegos *autos* ('uno mismo') y *nomos* ('ley'). Es *autónomo* quien se da la ley a sí mismo.

Ya hemos recordado antes que, en los demás sistemas éticos que hemos estudiado en los cursos anteriores, lo que me indicaba qué acciones eran buenas y cuáles malas era algo externo a mí. En el hedonismo y el utilitarismo el criterio de bondad es el *placer*: no soy yo quien decide qué me produce placer o dolor. Recordemos que el propio Bentham, el iniciador del utilitarismo, lo dice claramente: «La naturaleza ha colocado al hombre bajo el gobierno de dos dueños soberanos: el dolor y el placer. Solo ellos pueden indicar qué debemos hacer». En las éticas religiosas, por ejemplo en el cristianismo o en el islam, es Dios o Alá respectivamente quien, con sus mandamientos, le dicen al ser humano qué debe hacer.

Kant califica este tipo de éticas como **materiales** y **heterónomas**. Materiales, porque en ellas se hace una lista de las acciones buenas y una de las malas; y heterónomas, porque esta lista viene impuesta desde fuera (por la naturaleza, por Dios, etc.). Contrariamente, la moral kantiana es **formal**, porque solo dice *cómo* se debe actuar, pero no *lo que* se debe hacer; y es **autónoma** porque el propio individuo debe decidir qué debe hacer o evitar. La *heteronomía* de la voluntad se opone por completo a la moralidad y constituye para Kant una forma de esclavitud, ya que implica una negación de la racionalidad en un sujeto dotado de razón. Y esta heteronomía, es decir, la obligación que viene «de fuera», no solo se refiere a una autoridad externa (coacciones, promesas, etc.), sino también interna (impulsos, deseos, sentimientos, etc.).

Esta **autonomía moral** es lo que otorga su **dignidad** al ser humano. Esta capacidad de autoimponerse el deber implica que el individuo humano es una «persona», o sea, **racional** y **libre**, que solo debe obedecerse a sí mismo y que, por tanto, nadie puede esclavizarlo ni utilizarlo como un «medio» para sus fines. Por eso dice que las personas son «fines en sí mismas». Todo esto lo expresa Kant en otra de sus máximas: «Obra de tal modo que uses a la humanidad, tanto en tu persona como en la persona de cualquier otro, siempre al mismo tiempo como fin y nunca simplemente como medio». Es evidente que esto hay que entenderlo en su contexto. Cuando voy al peluquero, ciertamente lo utilizo como un medio para arreglar mi imagen, pero no lo utilizo a él como persona, sino su habilidad, que él mismo me ha ofrecido. De todos modos, hay muchos casos en los que, aunque parezca lo contrario, utilizamos a los demás para nuestros intereses egoístas, faltando así a su dignidad. Cuando digo una mentira, por ejemplo que he llegado tarde a casa porque estaba haciendo un trabajo de grupo, siendo falso, estoy utilizando a mis padres, que merecen, por dignidad, no ser engañados en beneficio propio.

El imperativo categórico obliga, hemos dicho, sin condición alguna. Por tanto, no tiene sentido preguntarnos para qué sirve portarnos moralmente bien: hay que cumplir el deber simplemente porque es nuestro deber y no para ser felices, como afirman la mayoría de sistemas éticos. En la vida nos damos cuenta de que los que son «felices» en el sentido de que «se lo pasan bien» no son, en general, aquellos cuyas acciones están motivadas por el puro cumplimiento del deber, sino por otras razones, como el incremento de la riqueza, la consecución del poder, etc. En este mundo vemos que, desgraciadamente, muchos de los que suelen triunfar lo hacen especulando, cometiendo estafas, aprovechándose e incluso atropellando a los demás.

Vemos, pues, que en Kant se separan los conceptos de bondad y felicidad, cuya unión era la base de las éticas anteriores, en las que lo bueno es lo que hace feliz. De todos modos, Kant reconoce que lo lógico, lo racional, es que la persona buena sea feliz. Pero esto, al parecer, ocurre muy poco en esta vida. Es verdad que la persona buena tiene la conciencia tranquila, pero esto, aunque sea muy importante, no constituye la felicidad en todos los sentidos. Al no ser así, al no coincidir aquello que «debería» coincidir (bondad y felicidad), Kant concluye que, de algún modo, «debe» existir otro mundo donde coincidan lo que «es» con lo que «debe ser», y esto implica la inmortalidad de nuestra alma, y también la existencia de Dios, como aquel ser en el que coinciden bondad y felicidad. Pero esto es una exigencia de la razón, un *postulado*, como lo llama Kant. Teóricamente, no se puede demostrar que sea así.

Actividades

6. Aplicando las máximas kantianas de la universalización y la dignidad, ¿qué harías en cada uno de los siguientes casos?
   - Llega el día de Reyes y tus padres no tienen dinero para comprar un juguete de moda que tu hermanito pide con insistencia. Tu vecino, que ha llegado cargado de la compra, se ha olvidado junto a su puerta un paquete que contiene justamente este juguete.
   - Has estudiado Arte Dramático y tu sueño es ser actor de cine. Te ofrecen la oportunidad de salir en un anuncio televisivo que tú no apruebas, ya que el mensaje que transmite te parece inmoral (es sexista y racista). De todos modos, si tú no lo aceptas, otro lo hará y el mal será el mismo, y, en cambio, tú habrás perdido una oportunidad, que pocas veces se presenta, para entrar en el mundo del cine.
   - Te han robado el teléfono móvil y un compañero utiliza uno que no es el tuyo pero que sabes que lo ha robado, aunque no sabes a quién. Ves que se lo ha dejado encima de la mesa y, en este momento, nadie te mira.
   - Se ha organizado una colecta en el barrio para ayudar a unos vecinos con muchos hijos a los que van a desahuciar porque se han quedado sin trabajo. El hombre más rico del barrio no quiere contribuir. Tú conoces algún hecho de su vida íntima cuya publicación le comprometería. En nombre de la justicia social, ¿puedes amenazarle con publicarlo si no da dinero?

7. Como has podido ver, Kant afirma que, aunque científicamente no se puede demostrar, la existencia tanto de Dios como de la vida eterna son una exigencia de la razón, lo cual supone la inmortalidad del alma. Resume su razonamiento. ¿Te convence? ¿Por qué?

2. Las éticas dialógicas

El diálogo como fundamento de la ética en el mundo globalizado

Como hemos visto, Kant pensaba que cualquier persona que se pusiese a razonar «bien», «en serio», tendría que llegar a las mismas conclusiones respecto del deber moral, ya que, según él, la razón humana es única, igual para todos. Esto es lo que significa la **autonomía de la razón**. En este sentido, Kant participaba de la visión optimista de la Ilustración sobre la razón humana, aunque fue precisamente él quien empezó a analizar sus límites. Pero estos límites de la razón se daban, según él, solo en su uso teórico, puesto que no podía conocer la verdad absoluta, pero no en el práctico, entendido en el sentido moral como guía de la acción humana. De todos modos, se dio cuenta de que la mayoría de seres humanos no estaban preparados para este razonar bien y, por eso, era necesario establecer leyes externas y reforzar la educación. Sin embargo, muy pronto muchos filósofos posteriores se dieron cuenta de que las decisiones humanas no solo eran producto del razonamiento, sino también, y muchos piensan que sobre todo, del sentimiento. Ya Hume había afirmado antes que la razón estaba sometida al sentimiento, no al revés.

Que la razón humana es limitada tanto en su uso teórico como en el práctico (moral) se ha ido demostrando en el curso posterior de la historia. Es verdad que uno de los productos más valiosos de su uso teórico, la ciencia y la técnica modernas, ha aportado grandes progresos materiales a la humanidad; pero también es cierto que han producido grandes males (armas de destrucción masiva, deterioro del medioambiente, etc.). Tampoco en su uso práctico, es decir, en la moral, ha avanzado mucho.

Ciertamente, hay que considerar un gran avance el que se haya podido proclamar una Declaración Universal de los Derechos Humanos (DUDH), pero está muy lejos de ponerse en práctica y no todo el mundo está de acuerdo con su contenido ni con su interpretación. Además, la libertad del individuo que defiende la propia DUDH implica que hay que respetar todas las creencias que no sean contradictorias con los derechos proclamados allí. Esto implica que no hay, ni puede haber, una única verdad ni unos valores únicos y universales, aunque debamos tender hacia ellos. ¿Cómo conjugar la convivencia con las distintas opiniones partiendo de la base de que ninguna de ellas es la verdad absoluta? El acuerdo debe venir, necesariamente, no de la imposición de unos sobre los demás, sino del **diálogo**. De ahí que muchos pensadores hayan apostado por lo se ha llamado la *ética dialógica*.

Este enfoque de la reflexión sobre las cuestiones morales es el adecuado para el fenómeno más característico del mundo actual: la globalización. Las sociedades actuales, por muy diversas que sean, han entrado en contacto permanente a causa de la expansión de los sistemas tecnológicos de comunicación.

Amplía

Durante la Ilustración se creyó que la razón se debía imponer sobre las demás facultades humanas (imaginación, sentimientos, etc.). Pero Goya ya entrevió que la exaltación exagerada de la razón podía llevar a monstruosidades, convirtiéndose en lo que filósofos, como Habermas, calificaron de razón instrumental, la cual solo nos puede indicar cuáles son los mejores medios para alcanzar nuestros fines, pero estos los determinan nuestras capacidades apreciativas (estética, moral, religiosa, etc.).

Esto, que en principio puede ser una fuente de riqueza por las aportaciones que ofrece la gran diversidad cultural, ha sido y es causa de conflictos que solamente pueden superarse a través del diálogo. Por eso, que la cuestión de cuáles deben ser las condiciones necesarias para que el diálogo sea efectivo ha sido abordada por muchos pensadores durante las últimas décadas. Las principales teorías que se han formulado hasta ahora relacionadas directamente con la ética han sido la *teoría de la justicia* de John Rawls, la *teoría de la acción comunicativa* de Jürgen Habermas, la *ética discursiva* de Karl-Otto Apel y, en España, la *ética mínima* de Adela Cortina. A continuación expondremos las ideas generales comunes a estas teorías.

Todas parten del concepto kantiano de la dignidad humana y de su idea de universalidad, aunque a esta le dan un sentido distinto. No aceptan que exista una razón única de la que deriven unos principios universales, sino que estos hay que ir encontrándolos entre todos a través de lo que nos une a los seres humanos: nuestra capacidad comunicativa a través del lenguaje. Por eso, lo primero que hace Habermas es indagar en el lenguaje cuáles son las diversas situaciones de comunicación entre las personas. De su estudio deduce una serie de principios y reglas que deben darse en todo diálogo ideal para que pueda convertirse en un verdadero discurso moral. Se pueden resumir en los siguientes puntos:

- No se debe excluir del diálogo a nadie que manifieste interés por el problema sobre el que se dialogue.
- Una vez en el diálogo, todos los interesados tienen el mismo derecho a la palabra, sin ser coaccionados cuando hablen.
- Debe comprobarse colectivamente que la conclusión o norma moral concreta a la que se llegue después del diálogo sea asumida por todos los afectados. Es decir, todos los que tengan relación con la norma concreta deben aceptar las consecuencias de estar bajo la misma.

Actividades

8. Expón algunos aspectos positivos y negativos del fenómeno de la globalización.

9. Explica alguna situación de conflicto que hayas vivido y que se haya solucionado a través del diálogo y alguna en que ha sido imposible establecer el diálogo. Analiza por qué en un caso ha sido posible y en el otro no.

10. En general, vemos que hay muchas situaciones de conflicto, tanto a nivel personal como nacional o internacional, que derivan en violencia y resulta imposible el diálogo para hallar soluciones.

¿Por qué crees que es así?

El consenso como fundamento de las éticas dialógicas

Los principios enunciados en el apartado anterior indican cómo debería ser el diálogo en una situación ideal. Pero ya sabemos que en la realidad es muy difícil alcanzar esta situación. Sin embargo, sabemos que todos nuestros esfuerzos deben dirigirse hacia ella, pues solo a través de un diálogo cada vez más perfecto se posibilita la vida buena en la que los sujetos humanos sean plenamente libres sin interferir en la libertad de los demás. Esto implica la **comprensión mutua**, el fundamento para alcanzar acuerdos sin tener que renunciar a la identidad y creencias propias.

Hay muchas situaciones en las que esto es, por supuesto, muy difícil de conseguir, especialmente cuando las creencias son contradictorias. Por eso hay que hallar enunciados básicos en los que todos estén de acuerdo apelando al trasfondo de racionalidad y comprensión intersubjetiva que supone y persigue todo acto de comunicación por medio del lenguaje. Su objetivo es buscar enunciados que sean válidos para todos. Un enunciado admitido como verdadero en un discurso es aquel que está apoyado por todas las razones y que no está refutado por ninguna razón, o sea, un enunciado aceptado por todos los participantes en la discusión.

Para Habermas, un enunciado de este tipo vendría a expresar lo siguiente: «todos estamos de acuerdo en esto», lo que implica un reconocimiento recíproco de todos los interlocutores a través de una afirmación. Al decir en un discurso «P es verdadero», hacemos como si todos los hombres que existen o puedan existir se hubieran unido al consenso. Y esta referencia implícita a un enunciado compartido por todos significa para Habermas la anticipación del final del proceso de investigación. Tal anticipación equivale a la idea de que «todos los hombres consienten en algo», es decir, a la idea de que todos los hombres se reconocen y unen entre sí a través del hablar racional (a través de los enunciados reconocidos por razones). Pero, en cualquier caso, el concepto de verdad ya no es absoluto, sino provisional, hasta que no se dé un nuevo consenso.

El ejemplo más claro de consecuciones en este sentido del consenso a nivel global ha sido la DUDH y todos los documentos que se han ido generando a partir de ella, ratificados por la mayoría de los estados.

Este tipo de ética es la que mejor se enmarca en el contexto intercultural que estamos viviendo debido a la globalización o mundialización. Es el resultado del intento de adaptar la moral del «deber ser» de Kant a estas circunstancias de interculturalidad, globalización, intersubjetividad, argumentación, comunicación, diálogo, etc., lo cual ha sido sumamente relevante para la propuesta ética de universalizar tanto los valores como las normas.

Algunos de los autores de la ética dialógica creen que es posible llegar a una especie de unión entre las distintas etnias, culturas y creencias bajo una ética que se fundamente en imperativos categóricos válidos e universales en todo lugar. Otros, sin embargo, creen que es suficiente que se llegue a acuerdos mínimos fundamentales. También hay algún otro que se opone al intento de hacer de la ética un lugar donde se alojen valores universales: se afirma que es imposible, absurdo, inverosímil y quimérico considerar un valor como norma universal, ya que para esto hay que entrar en un diálogo en el que nunca se llega a un acuerdo o consenso, como se pretende en la ética del discurso. En las normas morales que se dan en la razón práctica, uno decide según las circunstancias que se presenten en el vivir cotidiano, y puede que hoy tenga la razón y que mañana el otro asuma que yo tengo la razón.

En cualquier caso, un mínimo de universalización es absolutamente necesario para la convivencia humana. En este sentido se habla de ética de los mínimos morales que una sociedad democrática debe transmitir: son principios, valores, actitudes y hábitos a los que no se puede renunciar, pues hacerlo sería renunciar a la propia humanidad. Tal vez no responde o no puede responder a todas las aspiraciones que compondría una moral de máximos, pero es el precio que hay que pagar por pretender transmitírsela a todos. Este es el principio básico de todas las éticas dialógicas: la idea de que «todos los hombres consienten en algo», es decir, de que todos los hombres se reconocen y unen entre sí a través del hablar racional (a través de los enunciados reconocidos por las razones que se aducen).

Actividades

11. Al principio hemos clasificado las éticas en materiales y formales. ¿En cuál de estos dos grupos incluirías las éticas dialógicas? Justifica tu respuesta.

12. Algunos autores añaden otro grupo a la clasificación anterior y dicen que, propiamente, las éticas dialógicas tienen que calificarse como *procedimentales*, en el sentido de que solo nos indican qué procedimientos debemos seguir para acordar nuestros deberes morales. Expresa tu opinión sobre esta observación.

13. Una de las objeciones que se han hecho a las éticas dialógicas ha sido la siguiente: si las condiciones ideales de las que se habla nunca se dan, ¿para qué nos sirve una teoría que describe las condiciones para hallar respuesta a las cuestiones prácticas, que encima están siempre ausentes? ¿Qué responderías a esta objeción?

14. El propio Apel, anticipándose a la crítica anterior, ya escribió:

> «Cada uno de nosotros, que argumenta seriamente –y esto es, metodológicamente, el punto ineludible en filosofía–, debe presuponer dos cosas: que una persona es miembro de una comunidad real de comunicación, con sus antecedentes históricos de tradición y de precomprensión del mundo, con sus méritos y deficiencias, y al mismo tiempo es miembro de una comunidad ideal de comunicación, que no existe y nunca existirá realmente, pero que, por extraño que parezca, debe presuponer e incluso anticiparse contrafácticamente como existente en todo argumento serio [...]. Esto es así porque argumentar significa tener pretensiones de validez universal, cuyo desempeño ideal solo puede ser asunto de una comunidad ideal de comunicación.»
>
> K. Otto Apel, *La pragmática trascendental y los problemas éticos norte-sur*

Aquí se utilizan algunos conceptos poco habituales, como precomprensión del mundo o contrafácticamente. Busca su significado. Después, resume esta argumentación y di si crees que es una buena respuesta a la objeción y justifica tu respuesta.

15. Las éticas dialógicas exigen que todas las personas puedan opinar sobre las decisiones importantes que afecten a su vida, pero uno de los defectos de nuestras democracias es que hay pocas vías de participación ciudadana. ¿Cómo resolverías este problema?

16. Hay políticos que afirman que los ciudadanos ya se expresan cada cuatro años con sus votos y que no es necesario ningún otro tipo de participación. ¿Por qué crees que no les interesa que haya otras formas de participación?

En esta unidad hemos aprendido que:

- La materia de una acción es aquello que se hace, y la forma, el motivo por el cual se hace.
- La éticas que consideran que lo que hace buena o mala una acción es la materia de la misma se llaman *éticas materiales*, y las que consideran que la forma determina la moralidad se llaman *éticas formales*.
- Propiamente, la única ética formal es la kantiana, según la cual las acciones no son buenas ni malas; lo único bueno o malo es la voluntad con que se hacen.
- Solo aquella voluntad que actúa simplemente por deber y no por otro motivo es moralmente buena. Es moral aquella acción que se hace, como dice Kant, «por puro respeto a la ley moral».
- La ley moral es el *imperativo categórico*. Actuar bajo el imperativo categórico significa hacer una acción porque uno cree que está obligado a hacerla.
- El sujeto moral es autónomo: se da la ley a sí mismo.
- Esta autonomía del sujeto es lo que le da la dignidad personal.
- Kant creía que la razón humana era única e igual para todos.
- La mayoría cree que la única manera de que pueda haber una convivencia pacífica en un mundo tan globalizado es que se consensúen un mínimo de valores seguidos por todo el mundo.

TICS de ética

1. Busca información sobre la teoría del choque de civilizaciones de Samuel P. Huntington y su contraria, la del diálogo de civilizaciones, formulada por primera vez por Mohammad Jatamí, presidente de Irán. ¿Cuál te parece más ajustada a la realidad en que vivimos? Justifica tu respuesta.

2. Busca información sobre los conceptos básicos de la teoría de la justicia de John Rawls: *posición original*, *velo de la ignorancia*, *equilibrio reflexivo*. ¿Qué relación ves entres estos conceptos y los puntos del diálogo ideal?

ACTIVIDADES DE CONSOLIDACIÓN

1. Comparación con la ética kantiana y la ética dialógica.

En la página *http://qr.teide.eu/00LF* se encuentra la siguiente comparación. Explica el significado de cada punto. ¿Puedes encontrar algún otro punto en común u otra diferencia?

Puntos en común:

1) Ambas son éticas de la razón.
2) La universal validez de las normas está garantizada porque el discurso no acaba hasta que haya un consenso.
3) Hace justicia a la idea kantiana de dignidad de las personas y a la autonomía moral, ya que reconoce el derecho de todo ser humano a participar de la discusión y sostiene que ese discurso racional es la única fuente normativa legítima.
4) La ética discursiva no formula normas directas, sino que remite a un procedimiento (en este caso, el discursivo) para su identificación.
5) Ambas éticas se ocupan del deber.
6) Ambas doctrinas rechazan toda forma de dogmatismo o paternalismo.

Diferencias:

1) El uso monológico de la razón práctica es sustituido por el uso dialógico de esta facultad. Kant sostiene que el imperativo categórico puede y debe ser asumido por cualquiera, mientras que la ética del discurso sostiene que la razón es constitutivamente dialógica y, por ello, remite a un discurso interpersonal.
2) La teoría consensual de la verdad es ajena al sistema kantiano. Los afectados por la norma deben erigirse en legítimos intérpretes de sus intereses. Afirmar que una norma es válida equivale a decir que todos los afectados por la norma se mostrarán conformes con ella si tienen ocasión de participar en un diálogo libre de coacción.
3) Kant proscribe cualquier tipo de consideraciones sobre una acción, mientras que esta ética toma en consideración las consecuencias previsibles.

2. Lee el siguiente fragmento:

«Salta a la vista que en nuestros tiempos de naufragios a diario, nuestra humanización, y con ella la de nuestras sociedades y culturas, tiene su clave más importante en la acogida que brindemos a quienes, incontables, vagan como extranjeros fuera de toda patria, huyendo de la injusticia, escapando de la miseria, y, siempre, tratando de salvar su dignidad. O la salvamos en serio, o no se salva nadie, en este mundo de tantas redes que se solapan, donde podemos quedar enredados por supercables de tecnologías que no valdrían la pena si no sirven para hacer que esta tierra de todos sea patria de la humanidad.»

José Antonio Pérez Tapias,
Internautas y náufragos. La búsqueda del sentido en la cultura digital (2003)

a) La palabra *naufragio* tanto puede tener sentido literal como metafórico. Expón algunos ejemplos reales de cada sentido.

b) La mayoría de las personas del mundo no pueden vivir con la dignidad que merecen. Pon ejemplos que confirmen esta afirmación.

c) ¿Qué crees que debería hacerse para «salvar en serio la dignidad» de tantísimas personas?

- A nivel individual.
- En el centro en el que estudias.
- En tu municipio.
- En el Estado.
- En la Unión Europea.

«Hasta en las democracias más puras, como Estados Unidos y Suiza, una minoría privilegiada detenta el poder contra la mayoría esclavizada» (Mijail BAKUNIN).

«La democracia no es el gobierno del pueblo en sitio alguno. ¿Qué se vota? Lo que nos hacen que votemos» (José Luis SAMPEDRO).

¿Cuántas veces será necesario decir que el Fondo Monetario Internacional no es democrático? ¿Que sus dirigentes no son elegidos democráticamente? Y si una institución financiera de la que depende la vida de más de la mitad de la humanidad, si no de toda ella, no es democrática, ¿cómo no concluir que la democracia política está bloqueada?» (José SARAMAGO).

«La democracia se limita a la opción de escoger entre varios candidatos que representan los intereses de uno u otro grupo que tiene una base de poder independiente, localizada por lo general en la economía privada. (Noam CHOMSKY).

«Si no desarrollas una cultura democrática constante y viva, capaz de implicar a los candidatos, ellos no harán las cosas por las que los votaste. Apretar un botón y luego marcharse a casita no va a cambiar las cosas» (Noam CHOMSKY).

«Todos los males de la democracia pueden curarse con más democracia» (Alfred Emanuel SMITH).

La democracia como forma de vida ciudadana y el papel del Estado en el siglo XXI

UNIDAD 5

a) Busca información sobre el autor de cada cita.

b) Como habrás observado, las cinco primeras son muy críticas con la democracia. Explica el significado de cada una, si puede ser con algún ejemplo, y di hasta qué punto estás de acuerdo o no con ella.

c) En la sexta se expone una solución para mejorar la democracia. ¿Cuál?

d) Las dos últimas frases son favorables a la democracia. Explica su significado y di también si estás de acuerdo o no justificando tu respuesta.

En esta unidad hablaremos de:

- La democracia como la única forma legítima de poder.
- Ventajas e inconvenientes de los dos tipos básicos de democracia: la pura o directa y la indirecta o representativa.
- Los requisitos básicos de un sistema democrático.
- Insuficiencia de la democracia formal y críticas a la democracia liberal.
- La crisis del estado del bienestar causada por el neoliberalismo y la globalización.
- Consecuencias del dominio del poder económico sobre el político.
- La transnacionalización de los problemas y la debilitación de los Estados nacionales.
- Las reacciones ciudadanas frente a la desvirtualización la democracia representativa.
- La lucha de la ciudadanía por un nuevo Estado con una democracia más participativa.
- Las dos vertientes para una nueva democracia: procedimientos formales y valores ético-políticos.
- Libertad, pluralismo, tolerancia y compromiso ciudadano, fundamentos para la renovación democrática.
- El diálogo como instrumento fundamental de convivencia.

1. La democracia como única forma legítima de gobierno

Es evidente que la única forma de gobierno legítimo es la democracia, que literalmente significa que el **poder** (*kratos*) reside en el **pueblo** (*demos*). Por tanto, nadie está legitimado para imponer su voluntad a la voluntad popular. Sin embargo, este principio tan claro teóricamente resulta problemático cuando se intenta concretar. ¿Qué es el «pueblo»? ¿Cómo puede conocerse la «voluntad popular»? ¿Cuál es la mejor forma de ejercer este «poder» que reside en el pueblo? Las preguntas pueden seguir. Por eso, a lo largo de la historia, se han ensayado distintas formas de responder estas cuestiones.

En otros lugares ya hemos estudiado las distintas formas concretas de organizar una sociedad democráticamente. Hay, de entrada, dos tipos básicos: **democracia pura** o directa y **democracia representativa** o indirecta. En principio, la primera solo es posible llevarla a cabo de un modo efectivo en sociedades relativamente pequeñas. Por eso, en la mayoría de las sociedades actuales se ha implantado la representativa. Sin embargo, también hay distintas formas de organizarla que se han clasificado de diversas maneras. Básicamente, se distinguen tres clases de democracia representativa: la *parlamentaria*, la *liberal* y la *presidencialista*.

En la actualidad, tras el fracaso del proyecto comunista en la antigua Unión Soviética y en otros estados de Europa del Este, se han impuesto las tesis de la llamada **democracia liberal**. Esta forma de democracia se centra en la **libertad individual**, que garantiza el derecho a decidir y a elegir el camino de cada individuo para su realización personal y colectiva. Del mismo modo, se considera prioritario defender la **igualdad ante la ley**, el **sufragio universal** y **la educación**.

Como garantía para impedir que un solo grupo, con mayor peso que otros, se haga en exclusiva con las riendas del poder, hay que levantar la bandera del **pluralismo**. Todas las personas, independientemente de su condición, deben tener la capacidad de **asociarse libremente** con otras para elaborar sus proyectos comunes y todas las alternativas tienen que concurrir al mercado político en igualdad de condiciones. Estas características han sido proclamadas en grandes documentos históricos, entre los que destaca la Declaración Universal de los Derechos Humanos.

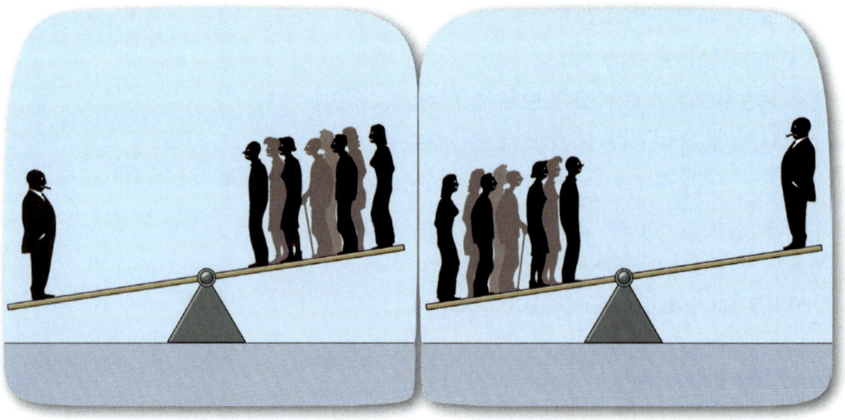

Actividad

1. Busca información y explica las diferencias entre la democracia directa y la representativa.

   a) Explica las características de las distintas clases de democracia representativa.

   b) ¿Cuál es la forma de democracia de España?

   c) A veces también se habla de *democracia de mercado* o de *democracia social*. ¿Qué significan estas expresiones?

En este sentido, el conjunto de condiciones consideradas esenciales para calificar un determinado sistema como democrático es el siguiente:

- El ejercicio de gobierno se reserva a los **representantes** elegidos legítimamente.
- Los representantes son elegidos a través de **elecciones** periódicas y justas.
- Los representantes elegidos ejercen el poder **sin interferencias** de los funcionarios no elegidos.
- Todos los adultos tienen derecho al **voto**.
- Todos los adultos tienen derecho a competir por los **cargos públicos**.
- Los ciudadanos tienen derecho a **expresarse libremente** sobre todos los asuntos políticos, sin temor a ser castigados por el Estado.
- Los ciudadanos tienen derecho a buscar **fuentes alternativas de información**, como los medios de comunicación de masas, y esas fuentes han de estar protegidas por la ley.
- Los ciudadanos tienen derecho a **formar asociaciones y organizaciones independientes**, incluyendo los partidos políticos y los grupos de presión.
- **El gobierno es autónomo** y capaz de actuar de manera **independiente** sin coacciones externas (como las impuestas por los grupos, bloques o instituciones, como el Ejército o la Iglesia).

Sin embargo, todos estos requisitos pueden cumplirse de manera puramente «formal», pero no de forma efectiva. Formalmente, en un estado puede haber, por ejemplo, libertad de prensa y, por tanto, se cumple el requisito de que los ciudadanos tienen derecho a buscar fuentes alternativas de información, pero como los medios de comunicación de masas (prensa, radio, televisión, etc.) requieren grandes sumas de dinero, las cadenas informativas más importantes están dominadas por los grandes intereses económicos. Por eso, desde que empezaron a implantarse las democracias liberales, empezaron también las críticas a este sistema, como la de Bakunin, con la que hemos empezado esta unidad.

Por supuesto, el poder económico siempre ha intentado dominar al poder político, pero durante el siglo XIX y el primer tercio del XX, las críticas y los movimientos reivindicativos de los trabajadores no cayeron en saco roto. A partir de la década de 1930, especialmente después de la Segunda Guerra Mundial, consiguieron que se llegara a una especie de equilibrio cuyo resultado fue la creación del llamado «estado del bienestar». Sin embargo, a partir de la década de 1970, cuando empezó la llamada *globalización* con el gran incremento de las multinacionales, el sector económico fue adquiriendo un nuevo poder que traspasó las fronteras e intentó situarse por encima del poder político de los Estados.

Una de las tiendas de la multinacional informática de Apple en Hong Kong (China). Las multinacionales son una de las bases de la globalización y del desafío que esta supone a la soberanía de los Estados nacionales.

Actividad

2. Explica la historia y las características del llamado «estado del bienestar».

2. La crisis del Estado ante el neoliberalismo y la globalización

El dominio del poder económico sobre el político

Con el avance de la globalización y el empuje del neoliberalismo (la economía de mercado) se va erosionando la cohesión social y el Estado deja de tener un papel rector en la economía y la sociedad, de modo que se da marcha atrás en el estado del bienestar. La lucha de intereses económicos se traduce en la lucha de los grupos políticos representantes de los distintos sectores que compiten por el poder. Así, el Estado como institución queda a merced de la economía y deja que esta siga sus propias reglas. De este modo, pierde capacidad de organizar, distribuir el poder y aplicar justicia, dejando de ser norma general para toda la sociedad.

A lo largo de las últimas dos décadas, gran parte del poder que detentaba el Estado ha sido transferido al capital financiero, convirtiendo bancos, inversores, especuladores e instituciones financieras en reales actores políticos. Esto se une a los grandes problemas que ha creado la globalización: desde las crisis financieras hasta el calentamiento global de la Tierra, pasando por la delincuencia internacional, las epidemias y la corrupción internacionalizada. La sociedad de la información y de la comunicación internacionaliza culturas, ideas, modas y modos de consumo, mientras que instituciones transnacionales como la ONU, la OTAN, la OMC, la UE y otras se encargan de establecer normas y reglas de juego en un marco cada vez más globalizado. Todo esto mina la **soberanía nacional** de los Estados, lo cual tiene como consecuencia el **deterioro de la democracia**. Cuando las decisiones se toman a un nivel internacionalizado, alejadas de las bases sociales, la participación ciudadana disminuye necesariamente y, a la vez, se acentúa la desconfianza en los dirigentes políticos.

Periodistas en el centro de prensa de la Cumbre sobre el Cambio Climático de Naciones Unidas organizada en París en noviembre de 2015.

Y aquí es donde reside actualmente el gran dilema democrático: si a los inversores no les gusta la política de un país, retiran las inversiones, ocasionando una fuerte presión política y minando la democracia. Existe una relación desproporcionada entre la democracia nacional y las estructuras transnacionales, donde cada vez se toman más decisiones importantes. El control democrático disminuye y los programas de bienestar social se ven gravemente deteriorados. La solución de estos problemas es muy difícil; pasa por la cooperación internacional.

Esta pérdida de capacidad rectora del Estado sobre la economía provoca que las clases trabajadoras se sientan desprotegidas, vulnerables, expuestas a las eventualidades y al desempleo con toda la incertidumbre que esto conlleva. El futuro ya no es previsible. Los jóvenes se convencen de que lo importante es conseguir un empleo, aunque sea mal remunerado y sin prestaciones sociales.

La seguridad que proporcionaba el estado del bienestar había provocado un gran individualismo que, unido a la pasividad y acomodación de la ley del mínimo esfuerzo, tuvo como resultado la desmovilización social como colectividad. Esto se agrava con la idea de que, con la globalización, los acontecimientos se producen por sí mismos y no dependen del esfuerzo humano, de manera que surge la sensación de caos e incertidumbre respecto de los acontecimientos.

Esta inseguridad es también aprovechada por el Estado para reforzar su autoritarismo, con el pretexto de proteger la seguridad de los ciudadanos, de modo que se produce una fuerte regresión de los derechos y libertades individuales. Así pues, la «contrarrevolución neoliberal» tiene como objetivo provocar la crisis del Estado Social y de Derecho, por más que la nueva propaganda política insista en que se protegen los derechos y libertades, que son, de hecho, las del capital. De este modo, el anterior Estado protector se va transformando poco a poco en un nuevo Estado autoritario, cada día más militarizado y con más policía, que intenta basar su legitimidad en un renovado nacionalismo (a pesar de su creciente transnacionalización) y en la creación de «seguridad» para los que votan. A este objetivo contribuyen, por supuesto, los medios de comunicación de masas, controlados por los grandes intereses económicos, de modo que el formalismo democrático se va vaciando de contenido real, quedando como una fachada mediática.

Actividad

3. Explica el significado de esta viñeta:

La reacción ciudadana

A pesar de su gran poder, la voracidad depredadora y excluyente de las fuerzas del mercado descritas en el apartado anterior, no solo no puede seguir gobernando eficazmente las democracias sin una gran contradicción, sino que las democracias no solo no pueden seguir gobernando eficazmente sin una gran contradicción, sino que la ciudadanía no acepta y cada vez se resiste más a legitimar un orden político-institucional opaco, cerrado, vertical, burocrático y centralizado en que quieren convertirlo los grandes intereses económicos. Cada vez surgen con mayor intensidad movimientos sociales, tanto a nivel regional como nacional y transnacional, que se resisten a esta dinámica y presentan alternativas a ella. Están convencidos de que es posible otro Estado en el que los ciudadanos ejerzan la plenitud de sus derechos y deberes, en un contexto en el que las identidades, los territorios y los grupos sociales tengan acceso y oportunidades para expresarse y para ver traducidas sus aspiraciones en políticas efectivas. Se trata de pasar de un Estado convertido en «gerencia política del

Elecciones en la Federación Rusa.

mercado» a un Estado transformado en órgano de poder y participación de la ciudadanía. Y esto supone ir transformando el sistema democrático predominantemente representativo en uno predominantemente participativo, es decir, en una república de los ciudadanos.

Pleno de la Asamblea de Madrid, parlamento de la Comunidad Autónoma de Madrid.

Pero esto no es posible si no se construye nueva forma de ciudadanía desde sus cimientos. El estado del bienestar intentó conseguir una ciudadanía políticamente pasiva que se limitara a votar cada cuatro años, finalidad que persigue aún con más intensidad el Estado neoliberal. Así, pues, se trata de pasar de esta ciudadanía pasiva a una que se involucre en los asuntos políticos y que controle al Estado y la administración, a lo largo de todo el proceso administrativo. Se necesitan ciudadanos que dispongan de información suficiente y transparente y que puedan controlar todos los aspectos del ejercicio de la función pública. ¿Cómo conseguirlo? Como hemos indicado, muchos de los problemas superan los ámbitos nacionales, por tanto, deben tratarse a nivel global. De todos modos, sin abandonar esta perspectiva, esto solo puede alcanzarse empezando por mejorar la democracia a nivel estatal. Esta mejora implica dos vertientes. Por una parte, hallar los mejores procedimientos para que el sistema democrático sea auténticamente representativo y, por otra, la mejora ético-política de la ciudadanía.

Dos de las cuestiones que se plantean para mejorar los procedimientos democráticos son las siguientes:

1. ¿Cómo organizar de modo eficaz los sistemas de representación?

Esta es una de las claves de la auténtica democracia: ¿cómo conseguir que el pueblo realmente ejerza el poder? Acabamos de ver que, desde distintos sectores, se reclama pasar de la democracia representativa a una democracia participativa. Pero esto resulta muy difícil en sociedades tan grandes como las actuales.

Parece más posible mejorar las formas de representación. Se han ensayado distintos sistemas, pero todos tienen sus ventajas e inconvenientes: ¿listas abiertas o cerradas? Si los votos se cuentan por demarcaciones o circunscripciones electorales, ¿cómo deben distribuirse: por ciudades, comarcas, provincias, regiones...? ¿La representación debe ser proporcional al número de votantes o tiene que haber algún sistema corrector que garantice que las zonas menos pobladas también tengan voz? ¿Debe haber una sola cámara o dos (como el Congreso y el Senado, en España)? ¿La elección del presidente debe ser directa e independiente de la de los representantes parlamentarios, o deben ser estos quienes, de entre ellos, lo elijan (sistema adoptado en España)? ¿El poder judicial también debe someterse al control del voto de los ciudadanos y ciudadanas o es preferible que esté constituido por profesionales supuestamente independientes? Etcétera.

En cualquier caso, como hemos dicho, el camino para mejorar los sistemas democráticos pasa por el aumento de la participación activa de los ciudadanos. ¿Cómo podemos pretender que personas ajenas a nosotros, por el hecho de haber propuesto una idea y haber sido favorecidas por los votos, gobiernen según nuestros deseos? El sentido profundo de la democracia es la participación. Cualquier reforma que trate de compensar el déficit democrático de nuestras sociedades debe arrancar de la voluntad decidida de los ciudadanos y ciudadanas de tomar parte en la cosa pública.

2. ¿Qué derechos y libertades corresponden a los ciudadanos y ciudadanas? ¿Qué medios son legítimos para preservarlos?

Este es el tema más extensamente tratado por los especialistas modernos y contemporáneos. Desde la Declaración de Independencia estadounidense hasta la de los Derechos Humanos, hay un repertorio de derechos y libertades que puede considerarse consensuado. Las diferencias son de matiz o, en todo caso, surgen de la posible incompatibilidad entre derechos. ¿Cómo se puede compatibilizar el derecho a la libertad con la intervención del Estado, por ejemplo, en el terreno económico? ¿Puede el Estado recortar libertades políticas para ejercer un mejor control o una mayor represión de los males colectivos como, por ejemplo, el terrorismo? Quienes votan por las democracias sociales están convencidos de que deben sacrificarse ciertos derechos y libertades tradicionalmente considerados democráticos en aras del bien común. Si hay o no derechos a los que esto no puede aplicarse, si existe un límite a la privación de los derechos, cuál debe ser el grado de la intervención estatal, si conviene al buen funcionamiento del mercado económico, etc.; es constante motivo de discusión.

Actividades

4. Una de las protestas ciudadanas más multitudinarias en contra del rumbo del actual sistema democrático fue la conocida como la de «los indignados del 15-M» (15 de mayo de 2011). Se hicieron famosos una serie de lemas que exhibían los manifestantes. Explica el significado de cada uno de ellos:

- No somos mercancía en manos de políticos y banqueros.
- No nos representan.
- Error de sistema. Reinicie, por favor.
- Sin casa, sin curro, sin pensión, sin miedo.
- Los políticos nos mean, los medios dicen que llueve.
- Si no nos dejáis soñar, no os dejaremos dormir.
- Nuestros sueños no caben en vuestras urnas.
- ¡Democracia real YA!
- No somos antisistema, el sistema es antinosotros.
- Tu pasividad es tu complicidad.
- No tenemos pan para tanto chorizo.
- No es una crisis, es el sistema.
- Me sobra mes a final de sueldo.
- ¿Dónde está la izquierda? Al fondo a la derecha.

5. Intenta responder alguna de las preguntas que aparecen en este apartado; por ejemplo: ¿la elección del presidente debe ser directa e independiente de la de los representantes parlamentarios, o deben ser estos quienes, de entre ellos, lo elijan? ¿El poder judicial también debe estar sometido al control del voto de los ciudadanos y ciudadanas o es preferible que esté constituido por profesionales supuestamente independientes?

3. La democracia y los valores ético-políticos

Como dice el sociólogo Alain Touraine, la democracia no nace del Estado de derecho sino del ejercicio de unos principios éticos –libertad, justicia– en nombre de la mayoría sin poder y contra los intereses dominantes. Es decir, como hemos visto al principio, no es suficiente que un Estado se rija por un sistema formalmente democrático, sino que debe llenarse de contenido de un modo efectivo. Y esto no se consigue sin que la ciudadanía se rija por los valores ético-políticos que fundamentan este sistema.

En primer lugar, la vida democrática permite el ejercicio de la **libertad**, pero exige **responsabilidad**; permite opinar y disentir, pero también requiere participar en las tareas de la comunidad y no excluirse de los intereses colectivos. La vida democrática, además, tiene como exigencia moral la **justicia** y, como condición, la **tolerancia**.

Como se ha insistido, la **justicia moral** tiene una doble dimensión: una político-social y otra que rige las relaciones interpersonales. Desde la **perspectiva político-social**, la justicia es un principio normativo básico de la vida democrática y expresa el ideal del **orden social**. La justicia es el criterio que ha de regir la acción de los ciudadanos y de las instituciones; tiene que ser el principio organizador de toda sociedad política. En este sentido, la justicia hace referencia al ámbito del derecho y del Estado, a las leyes y a la legitimidad de las autoridades. También regula, justifica y es principio de crítica de las formas de convivencia en los ámbitos familiar, escolar y vecinal.

Estatua de Alfredo Cesquiatti que representa a la Justicia. Corte Federal de Justicia en Brasilia, la capital administrativa de Brasil.

En la segunda dimensión, la justicia es reguladora de las **relaciones interpersonales**: no se mueve por la simpatía, la amistad o la inclinación hacia la otra persona, sino que es una exigencia de lo debido al otro por su condición de ser humano. La justicia va unida a las ideas de **dignidad** y **solidaridad**, lo cual implica que todas las personas han de tener la misma consideración y deben recibir el mismo trato, con independencia de la afinidad que uno pueda tener con ellas.

La justicia implica siempre una cierta **igualdad**, y una sociedad solo se aproxima al ideal de la justicia cuando rige en ella el principio de igualdad. Este principio se ha de traducir en normas que midan a todos por el mismo rasero, normas que no pueden depender de la arbitrariedad de la autoridad. Tiene que ser imparcial a la hora de aplicar las normas a los ciudadanos y no puede atender a criterios de origen, religión o cultura. La **imparcialidad** es una piedra de toque a la hora de evaluar las conductas de los ciudadanos y las acciones de las personas revestidas de cualquier tipo de autoridad. En última instancia, podemos hablar de conductas regidas por la justicia cuando el motor de la acción es la voluntad de una **racionalidad universal** –«si todos fuéramos racionales en nuestras acciones, actuaríamos de esta manera»– que se concreta en el respeto de los derechos humanos irrenunciables (a la vida, a la libertad, a la integridad...).

La **tolerancia**, por otra parte, es un postulado fundamental del Estado y de la vida democrática. Somos tolerantes cuando respetamos a las otras personas, cuando admitimos que todas las opiniones y creencias han de tener la misma consideración, cuando nos convencemos de que todas las verdades son parciales, ninguna es absoluta. Una sociedad democrática e intolerante no es viable: la intolerancia lleva a formas totalitarias de poder y autoridad. Los estados totalitarios tienden a la uniformidad y a borrar las diferencias; los estados democráticos fomentan las **diferencias** y reconocen la **diversidad** como un valor. La tolerancia, por tanto, se basa en el **pluralismo**, la **diversidad de creencias** y el **respeto a las personas**. En su origen, la tolerancia fue un pacto de no-agresión: «Tú y yo tenemos dioses distintos, pero no merece la pena que nos matemos». Hoy, una tolerancia negativa no es suficiente: «Tú y yo somos distintos, con proyectos de vida y concepciones diferentes, pero debemos cooperar y participar en la vida comunitaria, porque nuestros proyectos personales se verán enriquecidos».

Tolerar ideas, valores y modos de vida distintos de los nuestros no significa que solo debamos soportarlos, sino que debemos apreciarlos, considerarlos, no sentirnos extraños o indiferentes ante ellos, sino conseguir que despierten nuestro interés. Por eso quizá la palabra *tolerar* no es la más adecuada. El ser tolerante nace de la convicción de que nadie posee la verdad absoluta y que, a través del otro diverso, con el diálogo y el contraste de opiniones, puede aumentar su parte de verdad. La persona tolerante también reconoce que los humanos somos básicamente iguales, que necesitamos respetarnos porque cada uno tiene derecho a regir y organizar su vida como crea conveniente.

¿Todo es tolerable? ¿Debemos tolerar al intolerante? Ciertamente, existen unos límites, la tolerancia no puede ser indiscriminada. El engaño, el error culpable, el atentado contra los derechos humanos –la tortura, el terrorismo, la esclavitud–, las doctrinas contrarias a la ciencia o a los principios de igualdad y dignidad humanos –como el racismo– nunca son admisibles. Así pues, la tolerancia no es un valor absoluto, ya que va ligada al efectivo desarrollo del pluralismo democrático; cuanto más efectivo sea el pluralismo, es decir, cuanto más cuenten en la sociedad todos los grupos e individuos, más constituirá la tolerancia el medio de articulación social.

Así, pues, la ciudadanía democrática se fundamenta en los siguientes aspectos:

- Las personas somos **ciudadanos libres e iguales**, sujetos a las leyes que determinan nuestros derechos civiles.
- **Participamos** en la vida política y social con la elección de nuestros representantes (elecciones legislativas, sindicales, etc.) y podemos formar parte de diversas organizaciones de la sociedad civil.
- Los ciudadanos **podemos proponer** fines, metas y medios sociales para la realización personal, la felicidad y el bienestar de la mayoría.
- La democracia es una forma de organización del Estado, pero también es un **modo de vivir y convivir**.
- A la hora de elaborar proyectos y establecer prioridades, funciona la **regla de la mayoría**.

En las sociedades democráticas, por tanto, el **pluralismo** es tutelado por las leyes que, a su vez, han sido elaboradas desde el pluralismo. Este se manifiesta en todos los ámbitos de la vida humana: partidos políticos, sindicatos, religiones, ideologías... y códigos morales. El ciudadano, en el seno de la sociedad democrática, mantiene y fortifica su autonomía personal. Tal vez alguno de nosotros tenga inquietudes políticas o participe en alguna ONG, lo cual no supone que pierda su libertad y autonomía. El pluralismo y la autonomía personal exigen organizar la convivencia y el ejercicio de la racionalidad. La **convivencia** y la **racionalidad** implican practicar la crítica de las propias convicciones y de las de los demás para asumir los valores y las normas que sean más razonables para la mayoría; tener siempre presente, además de nuestros intereses y deseos, los del otro; asumir la **diversidad** y la **diferencia**, de aquí que virtudes como **tolerancia**, **solidaridad**, **responsabilidad** y **justicia** pasen a primer plano. Las **normas morales**, las leyes, deben consensuarse entre el mayor número posible de ciudadanos.

No todos pensamos, valoramos ni nos comportamos igual, pero hemos de convivir. Para ello, debemos esforzarnos en encontrar coincidencias desde las que organizar esta convivencia. Estas coincidencias no pueden ser otras que la aceptación de uno mismo y de los demás como personas con **igualdad de derechos**. Todo ello exige que nuestros juicios morales sean fruto del conocimiento de nosotros mismos, pero también exige **empatía**, la capacidad de saber ponerse en la piel del otro para descubrir sus intereses, y ser capaces de adoptar perspectivas sociales diferentes de las propias. El instrumento adecuado para la convivencia y el consenso es el **diálogo**, según se ha dicho. En el diálogo, compartimos nuestras ideas, valores, normas; descubrimos nuestras coincidencias y discrepancias; mostramos aciertos y errores; somos capaces de rectificar o ayudarnos para que el otro rectifique sin imposición alguna.

Actividades

6. Julia participa en una asamblea de la clase y la mayoría de sus compañeros y compañeras aceptan una propuesta que ella considera inadecuada. No obstante, acata la decisión de la mayoría y asume la propuesta. ¿Ha renunciado a su libertad? Razona tu respuesta.

7. ¿La libertad de los otros limita mi libertad? ¿En qué sentido?

8. «En una isla, solo, sin normas, sin valores, sin familia ni sociedad, yo sería el ser humano más libre, viviría en absoluta libertad». Esta opinión será el tema de debate de toda la clase. Primero elegiremos una moderadora y un secretario. Este tomará nota de los contenidos de las intervenciones y, al final, leerá un resumen de las mismas; aquella concederá los turnos de palabra, reorientará el debate cuando se desvíe del tema y sintetizará las opiniones cuando sea necesario. Antes de comenzar el debate, durante unos minutos, es conveniente que cada uno prepare su intervención.

9. ¿Qué se debe hacer cuando las convicciones morales propias entran en conflicto con alguna norma legal o social?

a) Un periodista al que se ha confiado información sobre un caso de corrupción con la promesa de no revelar la procedencia, pero un juez le exige que revele la fuente de información.

b) Un soldado al que se le ordena fusilar a un civil que él sabe que es inocente y está convencido de que la vida es el valor supremo.

c) El tutor a quien un alumno cuenta, bajo promesa de guardar el secreto, algún aspecto de su entorno familiar que sería conveniente que los padres conocieran.

d) Un sacerdote a quien, bajo secreto de confesión, se le ha confiado algo que perjudicará a personas inocentes en los próximos días.

En esta unidad hemos aprendido que:

- La democracia es la única forma legítima de poder.
- Los dos grandes tipos básicos de democracia son la pura o directa y la indirecta o representativa. Prácticamente todos los estados democráticos han adoptado el sistema representativo.
- Desde hace una décadas, el estado del bienestar que se había conseguido después de múltiples luchas ha entrado en una crisis causada por el neoliberalismo y la globalización, pues el poder económico se impone sobre el político.
- Las consecuencias de esta invasión de la economía sobre la política ha sido la profunda erosión de la cohesión social, el aumento de la pobreza, el paro, la inseguridad, etc.; y, especialmente, un gran deterioro de la democracia.
- Frente a todos estos problemas, la ciudadanía ha empezado a reaccionar intentando hallar formas alternativas a esta democracia formal en que pretenden convertirla los grandes intereses económicos. La lucha de la ciudadanía por un nuevo Estado tiene como objetivo encontrar formas de democracia más participativa.

TICS de ética

1. Se han formulado distintos argumentos contra el estado del bienestar. En la web *http://qr.teide.eu/00LG* se dan algunos de ellos. Léelos y explica qué significa cada uno. Después di si estás de acuerdo justificando tu respuesta.

2. Busca información sobre las grandes instituciones de la economía mundial y sus funciones: el Fondo Monetario Internacional, el Banco Mundial, la Organización Mundial del Comercio, la Organización para la Cooperación y Desarrollo Económico, y la Cámara de Comercio Internacional.

3. ¿Cuál es la función «oficial» de cada una? ¿Qué hacen en realidad? En Internet encontrarás críticas en este sentido, por ejemplo: *http://qr.teide.eu/00LH*, etc.

4. Busca información sobre la Asociación Transatlántica para el Comercio y la Inversión (TTIP) con sus argumentos a favor y en contra, por ejemplo en *http://qr.teide.eu/00LI*. ¿Qué argumentos te convencen más? Justifica tu respuesta.

ACTIVIDADES DE CONSOLIDACIÓN

1. Opinión de uno de los primeros grandes defensores de la tolerancia

Lee con atención el siguiente texto y responde las preguntas que se plantean a continuación:

«Como para la mayoría de los hombres –sino para todos–, es imposible admitir que existan opiniones diversas sin una prueba segura e indudable de la veracidad de cada una de ellas. A mi parecer sería bueno que todos los hombres se dedicasen a conservar la paz y las relaciones mutuas de humanidad y de amistad, a pesar de las diferencias de opinión. Sería bueno que tuviésemos lástima de nuestra ignorancia y que nos esforzáramos por eliminarla por todos los medios dignos y honestos de la información, y no tratar a los demás mecánicamente de malignos, obstinados y perversos si se niegan a renunciar a sus propias opiniones para adoptar las nuestras».

John Locke, *Pensamientos sobre la educación* (1693)

a) Busca información sobre Locke. ¿Cómo se titula su libro sobre la tolerancia? ¿Por qué fue muy importante?

b) Para el autor, ¿son más importantes las opiniones personales o la convivencia? Justifica tu respuesta a partir del texto.

c) Pon tres ejemplos de la historia o del momento actual que ilustren la última frase del texto: «[...] no tratar a los demás [...] de malignos, obstinados y perversos si se niegan a renunciar a sus propias opiniones para adoptar las [...]» de otras personas o grupos.

En el texto se hace una recomendación. ¿Cuál es? ¿Crees que es pertinente? ¿Puede generalizarse como principio de la convivencia?

2. El movimiento del 15-M

Ves al enlace de la página de la ONG OCSI en *http://qr.teide.eu/00YZ*.

«Reflexión sobre la justificada crítica que el movimiento 15-M hace del actual sistema democrático.

El movimiento 15-M ha suscitado una virulenta reacción por parte de los medios de comunicación, respaldados por las declaraciones de numerosos políticos. No ha sido infrecuente escuchar que el 15-M supone, literalmente, "un ataque a la democracia", y que "la democracia es el mejor sistema que existe". Por tanto, se intenta presentar a los indignados como enemigos de la democracia. Obsérvese que digo "la" democracia, es decir, con artículo determinado, como si la democracia fuera una sola y su única forma de realización fuera la que detentan hoy por hoy nuestros políticos.

Sin embargo, lejos de presentarse como enemigos de la democracia, los indignados del 15-M reivindican precisamente democracia: una democracia mejor, una democracia más real, una democracia más profunda. Su objetivo es llevar la democracia a su máxima realización. Según el 15-M, nuestro sistema democrático actual no es sino una forma concreta de poner en práctica la democracia: una, no la única. Y, desde luego, no la mejor. En consecuencia, hay otras y mejores formas de funcionar democráticamente.

Apoyo plenamente esta idea: padecemos un gravísimo déficit democrático. Es tópico ya decir que vivimos en una democracia "formal" pero no "real", es decir: las reglas de juego parecen democráticas pero, en realidad, las decisiones que se toman no lo son. Esta es la idea que refleja uno de los principales lemas del movimiento, cantado a coro por la multitud el 19 de junio ante las Cortes: "Lo llaman democracia y no lo es". Es cierto: no lo es. ¿Por qué?» (José Luis Quirós)

a) A continuación, el artículo responde esta pregunta. Intenta responderla tú primero con los argumentos que creas convenientes. Después busca la web y lee la continuación. Compara las dos respuestas.

b) ¿Crees que sirvió para algo el movimiento del 15-M? ¿Para qué? Justifica tu respuesta.

c) ¿Qué crees que podemos hacer los ciudadanos para parar esta invasión del poder económico sobre el poder político?

3. Juego de rol: ¿qué factores influyen en la decisión del voto?

Imaginémonos que estamos en un consejo municipal y hay que decidir alguna actuación en la ciudad. Si hay alguna cuestión que resolver en el municipio, puede ser interesante tratarla. Si no, se propone alguna, por ejemplo, la siguiente: supongamos que hay un barrio antiguo muy poblado donde la mayoría de las casas no tienen aparcamiento particular. Se ha llegado a una situación crítica en la que los vecinos no encuentran lugar para aparcar. Solo hay dos plazas grandes para poner un aparcamiento común. Una de ellas está en el centro del barrio y es muy utilizada por los vecinos, especialmente para que jueguen los niños. La otra está más alejada, pero en ella hay unos árboles centenarios de gran valor ecológico distribuidos del tal forma que impiden el paso de los vehículos. Para hacer el aparcamiento, habría que talarlos.

Desarrollo:

1. Formar dos grupos de unos cinco miembros cada uno.
2. Cada grupo propondrá una de las dos plazas como aparcamiento y hará campaña para su opción. Para ello, deberá definir una estrategia de campaña que comprenderá nombre, símbolo, lema y propaganda.
3. A continuación, realizarán un debate público defendiendo cada uno su postura frente al resto de la clase.
4. Después del debate, se pasará a la votación. Cada miembro del público depositará su voto secreto en una urna que se puede hacer con una caja de cartón. Nadie puede decir qué vota. (Deben prepararse previamente papeles cortados y una urna para la votación).
5. Se contarán los votos.
6. Luego, en grupo, se procede a reflexionar sobre la actividad basándose en estas preguntas:
   a) ¿Qué razones contribuyeron a la victoria del grupo ganador?
   b) En la política real, ¿cuáles consideras que son los factores más relevantes que influyen en la intención de voto?
   c) ¿Qué papel juegan los medios de comunicación en las contiendas electorales?

La legislación, su legitimidad y la aplicación de los derechos humanos

UNIDAD 6

En el cómic de Batman *The Joker: Devil's Advocate* ('Joker: abogado del diablo'), el Joker está en el corredor de la muerte. Ha sido declarado culpable y condenado a muerte por un crimen que no ha cometido. Parece razonable pensar que dejar morir al Joker puede generar un bien. De esta manera, se evitarían futuras muertes seguras a manos del Joker. Por el contrario, Batman sabe que el Joker ha sido acusado injustamente de los cargos y tiene pruebas que lo demuestran.

a) ¿Debe Batman dejar que el Joker muera por un delito que no ha cometido?

b) ¿Un asesino tiene los mismos derechos humanos que otra persona que no haya cometido ningún delito??

c) ¿Varían los derechos humanos en función de la radicalidad de los crímenes?

d) ¿Qué crees que hace Batman en el cómic? ¿Qué harías tú?

e) ¿Se puede ir contra la ley para generar un supuesto bien?

f) ¿Se puede ser justo actuando al margen de la ley?

g) ¿Puede la muerte de una persona ser un bien para la sociedad?

h) ¿Se debe cumplir siempre con la ley? ¿Qué pasaría si no cumpliésemos las leyes?

i) ¿Existen leyes injustas? ¿Qué podemos hacer para luchar contra las leyes injustas?

j) ¿Qué pasa cuando una ley va en contra de nuestras creencias?

En esta unidad hablaremos de:

- Derecho natural y derecho positivo.
- Finalidad y características de las leyes.
- La obligatoriedad de las leyes.
- Contextualización de la desobediencia civil.
- Definición de *desobediencia civil*.
- Características y casos de desobediencia civil.
- Definición de *objeción de conciencia*.
- Características y casos de objeción de conciencia.
- La teoría de la justicia de Rawls.

1. La función de la ley como garantía de un Estado justo

Como vimos en la unidad 2, el pueblo escoge libremente a sus representantes políticos a través de un proceso electoral. De está manera el Estado queda legitimado por los ciudadanos. El Estado tiene la misión de garantizar el respeto de los derechos y para eso redacta las leyes. Las leyes que redacta el Estado están dentro de lo que consideramos derecho positivo. El **derecho positivo** es el conjunto de normas jurídicas escritas por el Estado. De esta manera se considera derecho positivo tanto la ley como toda norma jurídica (decretos, acuerdos, reglamentos, etc.).

En un principio, las leyes surgieron con el objetivo de limitar el libre albedrío de las personas que viven en sociedad. Podemos vivir más tranquilos, por ejemplo, en una sociedad en la que está prohibido matar. Así, las leyes sirven para controlar la conducta de los seres sociales.

De forma resumida, podemos decir que el **derecho positivo** es todo aquel que ha sido creado por el ser humano y que está formado por normas jurídicas. Este derecho se opone al **derecho natural**, que es universal, anterior, superior e independiente del derecho positivo.

Así pues, las leyes creadas por Estados tienen la finalidad de contribuir al logro del bien común de las personas que forman parte de su sociedad. Así también tienen la finalidad de proteger y respetar los derechos que se derivan de las leyes. El incumplimiento de las leyes comporta sanciones de todo tipo; desde pagar pequeñas multas hasta privación de libertad.

Podemos distinguir unas características comunes a todas ellas:

- **Coercitividad:** Las leyes son coercitivas, esto es, se aplican a la fuerza. Si no cumplo una ley, seré castigado. No puedo dejar de cumplir la ley y que no pase nada.
- **Generalidad:** Las leyes se dirigen a todas las personas sin excepción, dentro de su jurisdicción.
- **Obligatoriedad:** Las leyes se deben cumplir siempre. Son obligatorias para todos, sin excepción. Como en una sociedad todos dependemos de todos, no se puede dar el caso de que algunos cumplan con la ley y otros no. Cuando alguien no cumple la ley, lo pagamos todos. Acepto las normas de circulación para trasladarme de forma segura y ordenada. Pactamos unas normas de circulación. Renuncio a ir a la velocidad que quiera para garantizar mi seguridad y la de los demás. Si respeto las normas de circulación y alguien se salta un semáforo, pone en riesgo la vida de todos los implicados. Por eso es tan importante el cumplimiento de las normas por parte de todos. Aunque esto es así de forma ideal, podemos encontrar claros ejemplos de corrupción en nuestro país, es decir, personas que no cumplen la ley y sus actos nos perjudican a todos.

- **Abstracta e impersonal:** Las leyes se generan para tratar casos generales. No se crean para juzgar a personas específicas; de ser así, debería haber una ley por persona. No son retroactivas: no se pueden sancionar hechos ocurridos con anterioridad a la ley.
- **Orden:** Las leyes buscan el orden de la convivencia, atienden a criterios de la mayoría, siempre y cuando no se comentan injusticias.
- **Contradicción:** Algunas leyes entran en contradicción con otras leyes o es injusto que se apliquen. En este sentido, deben estudiarlas magistrados, jueces, etc.; para que se resuelvan en favor del bien común.
- **Justicia:** Las leyes llevan de manera implícita el sentido de justicia: dar a cada quien lo que le corresponde.

Así, somos responsables últimos de las leyes que tenemos. Estas deben garantizar nuestros derechos y apuntar al bien común. Pero ¿qué sucede cuando una ley es injusta? Si son obligatorias, ¿qué puedo hacer si no estoy de acuerdo con alguna? ¿Qué sucede si alguna ley se opone a mis creencias?

«Las personas por encima de los beneficios», dice esta pancarta de una manifestación en contra del capitalismo de mercado.

Actividades

1. Comenta las siguientes frases:
   - «Se piensa que lo justo es lo igual, y así es; pero no para todos, sino para los iguales. Se piensa, por el contrario, que lo justo es lo desigual, y así es, pero no para todos, sino para los desiguales» (ARISTÓTELES).
   - «Ningún vencido tiene justicia si lo tiene que juzgar su vencedor» (Francisco de QUEVEDO).
   - «Solo el tiempo puede revelarnos al hombre justo; al perverso se le puede conocer en un solo día» (SÓFOCLES).
   - «Es bello obtener la realeza como premio a la justicia; pero es más bello aún preferir la justicia a la realeza» (PLUTARCO).
   - «Nada se parece tanto a la injusticia como la justicia tardía» (SÉNECA).
   - «La caridad comienza en mi casa y la justicia en la puerta siguiente» (Charles DICKENS).
   - «La última y definitiva justicia es el perdón» (Miguel de UNAMUNO).
2. Haz una lista de leyes que provengan del derecho natural y otra con leyes que provengan del derecho positivo. ¿Existe alguna relación entre ambas? Justifica tu respuesta.
3. Escribe tres ejemplos de cada ley sobre los siguientes temas: *matar*, *pobreza*, *libertad*, *ley moral*, *ley judicial*, *ley química*, *ley física*.
4. ¿En qué casos crees que puede ser bueno desobedecer una ley? Pon algún ejemplo y justifica tu respuesta.

2. La desobediencia civil y la objeción de conciencia

Desobediencia civil

La desobediencia civil es un acto que consiste en desacatar una norma de obligado cumplimiento. Esto significa desobedecer una ley, norma, decreto, etc. El término *civil* indica que el objetivo principal de la desobediencia es acarrear cambios en el orden social o político.

Podemos definir la *desobediencia civil* como un acto público, no violento, político y consciente, contrario a la ley, llevado a cabo con el propósito de ocasionar cambios en la ley.

Así, la desobediencia civil es una forma de disidencia política. Los actos de desobediencia civil no persiguen intereses personales; su interés se centra en la opinión pública sobre el hecho de alguna ley injusta de índole moral. Este tipo de acción tiene que ver con el bien común, se da de forma pública y abierta.

La acción es deliberada e intencional; el progreso moral es el efecto buscado por los desobedientes. Esta pretensión se enmarca en el reconocimiento de los deberes de los ciudadanos en una sociedad libre. Aceptan la lealtad hacia las reglas del juego y del orden constitucional, pero protestan contra algún hecho injusto. Aceptan el compromiso de no colaborar ni someterse a prácticas injustas.

Amplía

Su origen se remonta a 1846, época en la que el ensayista estadounidense Henry David Thoreau fue encarcelado por negarse a pagar un impuesto destinado a financiar la guerra de Texas contra México. Este acto no respondía a un interés individual, sino que cuestionaba la conformidad del Gobierno para cobrar impuestos que financiaban una guerra que él consideraba injusta. En 1849, Henry David Thoreau describió los principios de su acción en su obra *Desobediencia* civil.

Las personas que llevan a cabo este tipo de acciones asumen las consecuencias legales de sus actos y aceptan el castigo previsto por las leyes. La forma de aceptación de las consecuencias de sus actos es pacífica, afirmando así el respeto por el juego democrático. El uso de la fuerza es incompatible con la desobediencia civil.

En la historia, encontramos algunos casos ilustres de desobediencia civil: el hindú Mahatma Gandhi, el sudafricano Desmond Tutu (en la foto) o Martin Luther King (fotografía de la página siguiente) son ejemplos de ello.

Objeción de conciencia

La objeción de conciencia es el derecho que tenemos los seres humanos a no acatar alguna ley que entre en contradicción con nuestras creencias. En la historia, nos encontramos con ejemplos de personas que se han negado a obedecer una ley basándose en el derecho de autonomía, es decir, el derecho que tiene cada individuo a decidir por sí mismo. Desde una ética racional, el individuo debe responder en primer lugar a la conciencia propia. Así, cada individuo debe tener el derecho subjetivo a resistir a las leyes cuando se contradicen con sus principios morales.

Este tipo de acción puede plantearse ante cualquier norma jurídica, aunque, por lo general, se ha aplicado la objeción de conciencia en el servicio militar.

En España, la objeción de conciencia viene recogida en la Constitución, pero hace referencia única al servicio militar: «La ley fijará las obligaciones militares de los españoles y regulará, con las debidas garantías, la objeción de conciencia, así como las demás causas de exención del servicio militar obligatorio, pudiendo imponer, en su caso, una prestación social sustitutoria» (Constitución española, artículo 30.2).

En resumen, podemos entender el carácter necesario de las leyes jurídicas. Son las leyes las que garantizan y protegen nuestros derechos. Las leyes son dictadas por personas escogidas democráticamente. Algunas leyes cambian según quién legisle. Aun así, se dan situaciones en las que los deberes éticos y los deberes cívicos entran en conflicto.

Amplía

En 1935, Billy y Lilian Gobitas, dos niños testigos de Jehová, fueron expulsados del colegio por negarse a saludar la bandera de su país. Este acto se considera idolatría por parte de los testigos de Jehová y va en contra de sus creencias. Después de una serie de juicios, la Corte Suprema de los Estados Unidos dictó que los estudiantes estaban en su derecho de ejercer y expresar sus convicciones religiosas.

En 1964, el famoso boxeador Muhammad Ali se convirtió al islam. En 1967, por motivos de creencias religiosas y por su rechazo a la guerra de Vietnam, declaró su negativa a alistarse en las Fuerzas Armadas de los Estados Unidos. Ali se declaró objetor de conciencia y fue acusado de traición y condenado a pasar cinco años en prisión. En la apelación a la Corte Suprema de los Estados Unidos, Muhammad Ali venció.

Actividades

5. Busca información y realiza una redacción relacionando la lucha de Gandhi con el tema.

6. Comenta las siguientes frases de Henry David Thoureau: «El gobierno, por sí mismo, que no es más que el medio elegido por el pueblo para ejecutar su voluntad, es igualmente susceptible de originar abusos y perjuicios antes de que el pueblo pueda intervenir». «Bajo un gobierno que encarcela a alguien injustamente, el lugar que debe ocupar el justo es también la prisión».

7. Señala las diferencias entre *desobediencia civil* y *objeción de conciencia*.

3. Rawls y la justicia como equidad e imparcialidad

La teoría de la justicia de John Rawls lleva a un alto nivel de abstracción el concepto de contrato social en el que se reemplaza el pacto de la sociedad por otro más justo. Rawls se opone a la teoría utilitarista en la que la moral es contractual. Considera que la justicia es la primera de las virtudes de la sociedad. Los principios que se derivan de la justicia social definen un reparto equitativo entre beneficios y cargas de la cooperación social. Estos principios están esencialmente dirigidos a las desigualdades de la sociedad, a través de sus diferentes instituciones: familia, propiedad privada, etc.

Rawls parte de una idea de justicia como imparcialidad. Los principios fundamentales se deben pactar en una situación inicial que sea justa y de igualdad. Esta posición inicial corresponde al estado de naturaleza de la teoría del contrato social. Este estado de naturaleza es **hipotético**, donde nadie conoce su lugar en la sociedad ni su distribución de ventajas. Así, Rawls imagina una **posición original** figurada. Parte de la idea de una asamblea en la que todos los miembros de una sociedad escogen sus instituciones base. Estas instituciones determinarán cómo se organizará la vida económica y política de esa sociedad. Los individuos que forman parte de la asamblea saben que las decisiones que tomen condicionarán toda su vida, así como la de sus hijos, nietos, etc.

Todos los miembros de esta sociedad comparten dos capacidades morales: los individuos son racionales y tienen la capacidad de poner en práctica una concepción del bien. Por otro lado, tienen la capacidad de desarrollar un sentido de justicia; así, los seres humanos de esta sociedad son también razonables.

En el momento de entrar en la asamblea, los individuos de esta sociedad caen bajo un **velo de ignorancia**. Los individuos no lo olvidan todo, saben que hay hombres y mujeres, diferentes etnias, entienden que tienen discrepancias entre ellos. Saben que tienen dificultades para ajustar las exigencias normativas. Están al corriente de que, en su sociedad, hay escasez de recursos, son conocedores de leyes económicas, condiciones culturales y sociales necesarias para el buen funcionamiento de las instituciones. **Lo único que no saben es cuál será su lugar en la sociedad, ni cuáles son sus ideas acerca de cómo merece la pena vivir.**

Lo primero que pactaríamos serían los bienes primarios. Estos bienes deberían servir como medios para la realización de **cualquier** programa de vida, independientemente de sus ideas acerca de cómo merece la pena vivir. Algunos bienes primarios de los que resalta Rawls son:

- Los derechos y libertades fundamentales que protegen nuestra capacidad de escoger el tipo de vida que queremos vivir.
- Los poderes y prerrogativas asociados a las diferentes funciones y posiciones que podemos ocupar en la sociedad.

- Las bases sociales del respeto de sí mismo, esto es, las condiciones que hacen posible el sentimiento de una persona a su concepción del bien y de su proyecto vital.

Ahora bien, ¿cómo deben distribuirse estos bienes primarios? ¿Se debe hacer de forma igualitaria? ¿Se debe hacer de forma igualitaria y aceptar después las desigualdades que surjan? ¿Deben intervenir las instituciones? De la posición original, se deducen dos principios:

1. **El principio de igual libertad:** Cada persona debe tener un derecho igual al esquema más extenso de libertades básicas que sea compatible con un esquema semejante de libertades para los demás.
2. **El principio de diferencia:** Las desigualdades económicas y sociales deben satisfacer una doble condición: tienen que ser para el mayor beneficio de los miembros menos favorecidos y tienen que estar asociadas a cargos y posiciones accesibles para todos en condiciones de igualdad de oportunidades.

A estos principios se suma una regla de prioridad. El principio 1 prevalece sobre el 2. Así, las libertades nunca pueden ser sacrificadas para favorecer una distribución más justa. Y también predomina la segunda parte del segundo principio sobre la primera. Podemos aceptar ciertas desigualdades si van a favorecer a los menos favorecidos. Estos miembros menos favorecidos serán los que, en un momento dado, estén en situación de desventaja respecto de los demás.

Actividades

8. Busca información en Internet para definir los principales conceptos utilizados en la teoría de Rawls y establece una relación entre ellos: posición original, velo de ignorancia, etc.

9. Realiza un juicio crítico acerca de la teoría de Rawls.

Uno de los inmensos barrios de chabolas (favelas) que rodean las zonas más prósperas de Río de Janeiro, en Brasil.

En esta unidad hemos aprendido que:

- El derecho positivo es el conjunto de normas jurídicas escritas por el Estado.
- Las leyes tienen la finalidad de contribuir al logro del bien común de las personas que forman parte de una sociedad.
- Las leyes son coercitivas, generales, obligatorias, abstractas, impersonales, contradictorias, buscan el orden y llevan implícita la idea de justicia.
- La desobediencia civil es una forma de disidencia política. Consiste en un acto público, no violento, consciente, contrario a la ley, llevado a cabo con el propósito de ocasionar cambios en la ley.
- Algunos ilustres desobedientes civiles: Mahatma Gandhi, Desmond Tutu, Martin Luther King y Henry David Thoureau.
- La objeción de conciencia es el derecho de los seres humanos a no acatar alguna ley que entre en contradicción con sus creencias.
- Para Rawls, la justicia es la primera de las virtudes de la sociedad. Los principios derivados de la justicia social definen un reparto equitativo entre beneficios y cargas de cooperación social.
- En un primer momento hipotético de posición original, los individuos pactarán los principios más justos si desconocen la posición que van a ocupar en la sociedad. Estos principios garantizarán la máxima justicia para los más desfavorecidos.

Sello conmemorativo británico para celebrar el nacimiento de Mahatma Gandhi, político y abogado indio y una de las figuras más relevantes del pacifismo.

TICS de ética

1. Comenta las ideas principales del siguiente texto en grupos de cinco personas: *http://qr.teide.eu/00LJ*.

2. Analiza las siguientes noticias: *http://qr.teide.eu/00LK*.

   ¿Crees que Apple debería cumplir con la ley? ¿Crees que esta ley es justa? ¿Puede la ley obligarme a hacer algo inmoral para prevenir muertes? ¿Qué opinas del caso Apple? Justifica tus respuestas.

3. Destaca las ideas más importantes del siguiente texto en grupos de cinco personas: *http://qr.teide.eu/00LL*. Relaciona sus ideas con lo que has tratado en la unidad.

ACTIVIDADES DE CONSOLIDACIÓN

1. Busca información sobre los GAL y haz un resumen. ¿Crees que todo vale para terminar con el terrorismo? ¿Se puede conseguir justicia a través de la injusticia? ¿Puede la ley ir en contra de la ley? ¿Cuándo crees que es necesaria la violencia? ¿Cómo se logró terminar con el grupo terrorista ETA?

2. Expón los peligros que se derivan del incumplimiento de cinco leyes que escojas. ¿En algún caso puede estar justificado su incumplimiento? Razona tu respuesta.

3. Busca cinco leyes que consideres injustas y señala tus motivos.

4. Define con tus propias palabras lo que significa *justicia*. ¿Puede existir la justicia sin leyes? Razona tu respuesta.

5. Comenta las siguientes frases:

- «Puesto que yo soy imperfecto y necesito la tolerancia y la bondad de los demás, también he de tolerar los defectos del mundo hasta que pueda encontrar el secreto que me permita ponerles remedio» (Mahatma GANDHI).
- «La violencia es el miedo a los ideales de los demás» (Mahatma GANDHI).
- «Ojo por ojo y todo el mundo acabará ciego» (Mahatma GANDHI).
- «No hay camino para la paz, la paz es el camino» (Mahatma GANDHI).
- «Ganamos justicia más rápidamente si hacemos justicia a la parte contraria» (Mahatma GANDHI).
- «Lo que se obtiene con violencia solamente se puede mantener con violencia» (Mahatma GANDHI).
- «¡Triste época, la nuestra! Es más fácil desintegrar un átomo que un prejuicio» (Albert EINSTEIN).
- «La violencia causa más problemas sociales que los que resuelve» (Martin LUTHER KING).
- «La injusticia, allí donde se halle, es una amenaza para la justicia en su conjunto» (Martin LUTHER KING).
- «Si eres neutral en situaciones de injusticia, has elegido el lado del opresor» (Desmond TUTU).
- «La represalia contra el terrorismo no trae la paz. Hay un ataque suicida, una represalia y luego una contrarrepresalia. Y simplemente sigue y sigue» (Desmond TUTU).

6. Busca información sobre Desmond Tutu y Martin Luther King; realiza una breve redacción explicando sus historias.

7. Lee con atención el siguiente texto y responde las cuestiones planteadas:

> «En la justicia como imparcialidad, la posición original de igualdad corresponde al estado de naturaleza en la teoría tradicional del contrato social [...]. Entre los rasgos esenciales de esta situación, está el de que nadie sabe cuál es su lugar en la sociedad, su posición, clase o estatus social; nadie sabe tampoco cuál es su suerte en la distribución de ventajas y capacidades naturales, su inteligencia, su fortaleza, etc. [...]. Los principios de la justicia se escogen tras un velo de ignorancia».
>
> John RAWLS, *Teoría de la justicia*

- ¿Cuáles son las ideas principales del texto?
- ¿Cómo titularías el texto?
- ¿Qué es la teoría del contrato social?
- Argumenta a favor o en contra del texto.

8. Comenta las siguientes frases de Rawls:

a) «La naturaleza no es justa ni injusta, como tampoco es injusto que las personas nazcan en una determinada posición social. Estos hechos solo son naturales. Lo que puede ser justo o injusto es el modo en que las instituciones actúan respecto de los hechos».

b) «Mi objetivo es presentar una concepción de la justicia que generalice y lleve a un nivel más elevado de abstracción la conocida teoría del contrato social [...]. La idea directriz es que los principios de justicia para la estructura básica de la sociedad son [...] los principios que las personas libres y racionales [...] aceptarían en una posición inicial de igualdad [...]».

c) «Es cierto que es malo ser cruel con los animales y la destrucción de toda una especie puede ser un gran mal. La capacidad para los sentimientos de placer y dolor y para la forma de vida de los que los animales son capaces impone claramente los deberes de la compasión y la humanidad en su caso».

En esta unidad hablaremos de:

- El origen y la importancia de la Declaración Universal de los Derechos Humanos (DUDH) comparada con legislaciones anteriores.
- Características, composición y contenido de la DUDH.
- Prácticas cotidianas que vulneran los derechos humanos: trato discriminatorio, desigualdad, marginalización, explotación, etc.
- Tipos de discriminación: racismo y xenofobia, sexismo, machismo, etc.
- Las desigualdades Norte-Sur: pobreza, desnutrición, baja escolarización infantil y alta proporción de analfabetismo adulto, etc.
- Organismos institucionales (FAO, OMS, UNICEF, etc.) y organizaciones de iniciativa ciudadana o privada (ONG) que luchan para defender los derechos humanos.

Los derechos humanos

Sistema de marcado en los campos de concentración nazis

Seguramente has oído hablar del Holocausto, un genocidio en el que asesinaron a unos seis millones de personas en la Alemania nazi. Los nazis utilizaron distintivos y parches de varios colores en forma de triángulo invertido que servían para diferenciar a los prisioneros en los campos de concentración. Estas marcas eran obligatorias y tenían significados concretos que indicaban por qué había ingresado en el campo el prisionero.

- Busca a qué colectivo correspondía cada color y completa la siguiente tabla:

a) ¿Por qué crees que los nazis hacían esta distinción tan visible?

b) ¿Por qué crees que discriminaban a estos colectivos? ¿Tienen algo en común?

c) Busca información sobre Rudolf Brazda. ¿Quién era? ¿En qué campos de concentración estuvo? ¿Por qué motivo?

d) El colectivo homosexual ha utilizado el triángulo rosa apuntando hacia arriba para simbolizar la lucha contra la discriminación y como representación de aquella masacre, aunque en los últimos años se ha popularizado el uso del arco iris. Las lesbianas se incluían en el grupo del triángulo negro, que indicaba a las «mujeres indeseables» o «antisociales». ¿Conocías este símbolo y su historia? ¿Por qué crees que es importante recordar estos hechos a través de símbolos? ¿Crees que hoy en día también existen estas distinciones basadas en los prejuicios y la estética?

1. La DUDH como ideal irrenunciable de la humanidad

A lo largo de la historia, han sido numerosas las ocasiones en las que se han intentado consensuar unos puntos mínimos para garantizar un trato digno a todos los seres humanos. No obstante, al ser promovidos por colectivos muy concretos, han dado como resultado declaraciones ideológicas que no incluían a toda la población, pues respondían a unos intereses políticos concretos.

Hannah Arendt, filósofa y política alemana de origen judío del siglo XX, critica la incoherencia de la **Declaración de los Derechos del Hombre y el Ciudadano** (surgida en 1789 como consecuencia de la Revolución Francesa): el primer artículo remite los derechos al hecho de *nacer*, pero el segundo los remite al hecho de ser *ciudadano.* De ese modo, en un primer momento los derechos del hombre se vincularon a la ciudadanía, de manera que se identificaba al hombre con el pueblo, no con el individuo. De poco valía la condición humana sin papeles, pues, si uno perdía su nacionalidad, perdía también la pertenencia a la especie humana. Por otra parte, no es casualidad que en este primer intento de declaración de unos derechos presuntamente universales se hablase del *hombre* y no de la *humanidad*.

Por ese motivo, la novedad de la **Declaración Universal de los Derechos Humanos** de 1948 no estriba tanto en los derechos que contiene (que son, básicamente, la primera y segunda generación; en la Declaración de los Derechos del Hombre y del Ciudadano de 1789), sino su **universalidad**. Se reconoce por primera vez que los sujetos de estos derechos no son los ciudadanos o ciudadanas de un estado determinado, sino todos y cada uno de los seres humanos. Se sustituyeron los conceptos de *hombre* y *ciudadano* por el de *humanos*, pues se dieron cuenta de que excluían a más de la mitad de la población mundial si usaban esos términos: a las mujeres y a todas las personas que no estaban reconocidas por un estado (personas refugiadas, sin papeles, retenidas en zonas internacionales de aeropuertos, etc.).

De esta manera, la Declaración pertenece a todos y cada uno de los seres humanos de forma **inherente** y **gratuita**, es decir, nadie tiene que hacer nada para ganarlos porque se generan a partir de la naturaleza humana. En otras palabras, pertenecen a cada persona por el mero hecho de existir. También son **imprescriptibles:** no prescriben ni pierden vigencia por el paso del tiempo.

Amplía

Hay que tener en cuenta que, en la sociedad del siglo XVIII, el papel de la mujer estaba relegado al ámbito privado y, por lo tanto, sujeto al estatus jurídico del hombre como cabeza de familia. Olimpia de Gouges, escritora y filósofa francesa del siglo XVIII, intenta reparar este «olvido» en la **Declaración de los Derechos de la Mujer y la Ciudadana**, remarcando la importancia de revisar el supuesto carácter universal de esos derechos para que incluyesen también a la otra mitad de la población, la mujer, hasta entonces olvidada.

Glosario

Universalidad: calidad de carácter universal; hecho o idea que abarca o es para todos los seres humanos.

Actividades

1. ¿Crees que hoy en día los derechos humanos aún están ligados a la nacionalidad, como apuntaba Hannah Arendt? ¿Crees que las personas refugiadas o las sin papeles tienen sus derechos garantizados?

2. ¿Cómo definirías el concepto de universalización con tus palabras? ¿Crees que existe una universalización de los derechos?

Aunque no se hayan ejercido, no se pierde el derecho a disfrutarlos. Finalmente, los derechos de la Declaración son **inalienables:** no se pueden quitar. Una persona no los puede perder, independientemente de lo que haya hecho. Esta característica, que a primera vista puede parecer injusta, es fundamental a la hora de entender por qué estos derechos se denominan *humanos.* Todos los seres humanos somos perfectibles y, por tanto, siempre tenemos el derecho a la oportunidad de rectificar.

En la Declaración se proclaman **derechos**, **libertades** y **prohibiciones**. No se establece una jerarquía entre los artículos, si bien se entiende que algunos derechos son **absolutos** (como la prohibición de la tortura) y otros son **relativos**, como el derecho al asilo, que se pierde si la persecución para la que se pide el asilo está motivada por la violación de los derechos humanos. La Declaración se compone por **un preámbulo y 30 artículos** que recogen derechos de carácter político, social, civil, económico, cultural, etc. Se considera que, como seres dignos, todas las personas somos merecedoras del **derecho a la vida**, **la libertad**, **la educación y la cultura**, **el trabajo**, **poseer una vivienda digna**, **formar una familia**, **tener recreación**, **elegir nuestro destino**, **nuestras ideas**, **etc**. También se remarcan aquellos aspectos que se oponen a la dignidad humana; como los tratos humillantes y discriminatorios, la violencia, la desigualdad, etc.

Hasta aquí hemos explicado por qué los derechos de la Declaración son así, pero su enunciado es ambiguo. Los postulados son escuetos y carecen de significado si no se concretan. Por otra parte, como hemos visto, la Declaración no tiene valor legal, no es una ley. En este sentido, podemos decir que los derechos que se formulan en ella solo se transforman si se concretan.

Escuela en un campo de refugiados en la capital de Bulgaria, Sofía.

Amplía

Hay que señalar que la DUDH era un **documento declarativo**, es decir, orientativo, pero no de obligatorio cumplimiento. No obstante, sirvió como base para la redacción de los **Pactos Internacionales de los Derechos Humanos**, tratados internacionales que obligan a los Estados firmantes a cumplirlos. La unión de la DUDH y los **Pactos Internacionales** y sus Protocolos se ha denominado **Carta Internacional de los Derechos Humanos**, aprobada por la Asamblea General de las Naciones Unidas en 1948.

Actividades

3. En el preámbulo de la DUDH se dan razones por las que se proclama la declaración. Haz una lista de las razones e indica, en cada caso, si son de orden moral, político o jurídico.

4. ¿Crees que podemos establecer una jerarquía en los derechos humanos? Por ejemplo, con la actual crisis económica se dan situaciones como los desahucios en las que se vulneran los derechos humanos. ¿Crees que va por delante el derecho a una vivienda o el derecho a la propiedad privada de los bancos?

2. Los derechos humanos y los retos del siglo XXI

Actualmente, los derechos de la Declaración son vulnerados reiteradamente. En la unidad 1 hemos visto la institucionalización de algunas de estas prácticas: la pena de muerte, la tortura y la mutilación. Si bien algunas de estas prácticas están disminuyendo, pues hay muchos colectivos luchando para conseguirlo, existen otras prácticas que se producen en el día a día en las relaciones personales y sociales. Es el caso del trato **discriminatorio**, la **de-sigualdad**, la **marginalización**, la **explotación**, etc. Se trata de una violencia indirecta, ya que no se ejerce a través de la fuerza física, sino en la **relación de desigualdad** que existe entre dos o más personas.

Quizás la **discriminación** es una de las actitudes que, aunque en diferentes formas e intensidades, más atenta contra los derechos de la Declaración. Discriminar (del latín *discriminare*, 'distinguir') significa diferenciar, tratar de forma desfavorable a una persona o grupo de personas a causa de prejuicios, generalmente vinculados a la pertenencia a una categoría social distinta; ya sea por cuestión de raza, sexo, orientación sexual, religión, ideología política, rango socioeconómico, edad, diversidad funcional, etc.

Quienes discriminan designan un trato diferencial o inferior en cuanto a derechos; por eso la discriminación se ha calificado como una forma de **violencia pasiva**. Es decir, es una violencia que no se ejerce directamente ni tiene por qué ser física. Puede ser por omisión o por dar un trato diferenciado. Es importante remarcar que, aunque la discriminación se considera un tipo de violencia pasiva, suele ser un paso previo que da lugar a escenarios de violencia más directa y visible.

Actividades

5. Define con tus propias palabras el concepto de libertad. Busca una obra de arte que hable de ella, ya sea un texto, una pintura, música, una película, etc.; y explica por qué la has elegido.

6. ¿Qué relación encuentras entre los conceptos libertad y dignidad?

Mujeres trabajando en un taller textil, en Marruecos. Muchas de las empresas de países en vías de desarrollo no ofrecen plenas garantías a sus trabajadores.

Lamentablemente, existen diferentes tipos de discriminación. Los más comunes son:

1. **El racismo y la xenofobia:** El racismo es una teoría fundamentada en el prejuicio de que existen razas humanas que presentan diferencias biológicas que justifican las relaciones de dominio y sumisión entre ellas, así como comportamientos de rechazo o agresión. La xenofobia se describe como el odio a las personas extranjeras.
2. **El sexismo, el machismo y la discriminación sexual o de género:** Es un prejuicio basado en el sexo o género, que conlleva condiciones y actitudes que promueven los estereotipos de roles sociales tradicionales establecidos en diferencias sexuales, roles de género. El sexismo atenta contra la dignidad de todas las personas que se salen de la heteronormatividad patriarcal, pero especialmente contra las mujeres (machismo), al considerar las inferiores a los hombres. Pero también pueden ser víctimas del sexismo personas intersexuales, transexuales, etc. Cabe remarcar que la discriminación sexual no depende de la actitud individual, sino que se encuentra incorporada en numerosas instituciones de la sociedad a través de la invisibilización y la marginación.
3. **La homofobia o rechazo a orientaciones sexuales distintas a la mayoritaria:** La homofobia es un concepto que describe la actitud específica de odio y rechazo a las personas con orientaciones sexuales no normativas, es decir, que se encuentran fuera de la norma **heterosexual**. Crea y consolida un marco de referencias agresivo contra personas lesbianas, gais, bisexuales, transexuales, etc., marcándolas con un estigma específico. Podríamos considerarla un tipo concreto de sexismo.
4. **La discriminación a personas con diversidad funcional o enfermas:** Históricamente, las personas con diversidad funcional han sido compadecidas, ignoradas, denigradas e, incluso, ocultadas y recluidas en instituciones de estilo penitenciario. El mayor reto para estas personas ha sido convencer a la sociedad de que no son una clase aparte. Por eso han luchado para establecer los siguientes principios: ser evaluados por sus méritos personales, conseguir que la sociedad realice cambios que les permitan participar con mayor facilidad en la vida social y laboral, etc.
5. **La discriminación según el estrato social:** El estrato social viene definido por diversos parámetros: procedencia, trabajo, matrimonio, prestigio, etc. Históricamente, se han dado prácticas muy crueles que discriminaban a las personas por considerarlas social o culturalmente inferiores. Una de las formas más denigrantes ha sido la esclavitud, pero ha habido otras, como la explotación laboral, desgraciadamente muy vigente en nuestros tiempos.
6. **Muchas otras, como la discriminación religiosa, política, estética, por edad, etc.**
7. **¿Discriminación positiva?** Este término resulta poco apropiado para definir una política social dirigida a la mejora de la calidad de vida de los grupos más vulnerables o desfavorecidos. Por ese motivo, ya no se habla de discriminación positiva, sino de **acciones positivas**, que tienen por objetivo atender y proporcionar recursos y ayudas para combatir lacras como el racismo o el sexismo; a la vez que proteger a los grupos más vulnerables como los menores, personas ancianas, etc.

Glosario

Heteronormatividad: régimen social que impone las prácticas heterosexuales presentándolas como imprescindibles para la reproducción de la sociedad y como el único modelo válido de relaciones sexo-afectivas.

Heterosexual: relación sexo-afectiva o romántica entre dos individuos de sexo opuesto.

Tanto el problema de la desigualdad como los de discriminación, marginalización, explotación, etc., tienen múltiples causas, es decir, son **multicausales**. Podríamos señalar algunas de sus causas generales:

a) **Circunstancias socioeconómicas:** Una mala situación socioeconómica establece un ambiente más proclive a la discriminación.

b) **Ideología:** Existen corrientes de pensamiento que validan la **segregación** y el trato de inferioridad a determinados grupos humanos.

c) **Miedo:** La gente no se atreve a expresar su disconformidad con determinadas prácticas por miedo a las consecuencias.

d) **Personalidad dócil e imitativa:** En numerosas ocasiones, las personas que discriminan no se han planteado por qué discriminan a una persona, si hay motivos reales para hacerlo o si simplemente se dejan llevar por la opinión de otros.

e) **Inconsciencia:** La discriminación se concreta en distintas etapas. Si el trabajo a realizar se divide entre varias personas, ninguna será consciente de la verdadera magnitud del horror con el que está colaborando.

Las leyes de cada país deberían ser el medio para combatir la discriminación y, aunque existe una amplia legislación en contra de la discriminación en materia de igualdad de oportunidades en empleo, vivienda, bienes y servicios, etc., en la mayoría de ocasiones no es suficiente para contrarrestarla. Además, se ha observado que, por lo general, la discriminación aumenta de forma considerable en periodos de recesión económica, momentos en los que la población vuelca su insatisfacción sobre otros grupos étnicos o religiosos considerados presuntos causantes de la situación. Con el fin de atajar el problema de la discriminación, se han creado gran cantidad de **asociaciones que protegen los derechos de los colectivos discriminados** promoviendo conciencia social, de manera que, en la medida de lo posible, se eviten las conductas discriminatorias.

Glosario

Segregación: separación, marginación de un grupo social por razón de su sexo, raza, cultura o ideología.

Actividades

7. Seguramente has experimentado, ya sea en primera o tercera persona, muchos tipos de discriminaciones a lo largo de tu vida, de forma directa (experiencia propia) o indirecta (noticias en los telediarios). Pon un ejemplo para cada tipo de discriminación que se ha mencionado. Recuerda que la discriminación es una forma de violencia pasiva y no tiene por qué implicar fuerza física. Un comentario, una mirada, un rechazo... pueden ser formas de discriminación invisibilizadas.

8. ¿Has presenciado alguna vez algún tipo de discriminación en un lugar público? ¿Cómo ha actuado la gente que estaba alrededor?

9. ¿Te suena el concepto de *apartheid*? Busca información en Internet y haz un resumen esquemático del tema.

10. Infórmate sobre las leyes que existen en nuestro país para combatir un tipo de discriminación determinada, por ejemplo, el sexismo y la violencia machista.

a) ¿Cuantas legislaciones se han elaborado al respecto?

b) ¿Crees que son útiles y suficientes para mitigar los efectos de la discriminación?

c) ¿Han resultado ser efectivas?

3. Diferencias en el ejercicio de los derechos humanos

Si echamos un vistazo a las estadísticas mundiales, enseguida nos daremos cuenta de que existen grandes diferencias en el ejercicio de los derechos humanos a causa de las desigualdades y las injusticias que se dan en nuestra sociedad.

A nivel mundial, los índices de pobreza extrema son escandalosos, así como el de las personas que viven en condiciones precarias. Mientras que solo un tercio de la población mundial vive dignamente, los dos tercios restantes pasan hambre o están malnutridos y apenas cubren sus necesidades básicas. Si llamamos *ricos* a los primeros y *pobres* a los segundos y consideramos dónde viven, observaremos que la mayoría de los ricos se acumulan en unas pocas zonas (mayoritariamente en el hemisferio norte del planeta), y la mayoría de los pobres en el resto (más ubicadas en el hemisferio sur). Nos podemos referir a las desigualdades «Norte-Sur», pero también existen otras denominaciones, como *países ricos/pobres, desarrollados/subdesarrollados*, etc. A continuación, nos fijaremos en las diferencias más relevantes:

a) **La pobreza.** Este es, en definitiva, el problema que resume todas las desigualdades de estos países. El Norte, con aproximadamente un 25 % de la población mundial, disfruta del 80 % de todos los bienes; en cambio el Sur, con el 75 % de la población, solo dispone del 20 % de la riqueza.

b) **La desnutrición** e, incluso, **el hambre crónica**, de gran parte de la población. Varios países (Mozambique, Somalia, Etiopía, Eritrea, etc.) no llegan al 80 % mínimos de necesidades calóricas definidas por la FAO. Además, hay una parte importante de la población que no dispone de agua potable. La esperanza de vida es más corta en los países del Sur y la mortalidad infantil es más elevada.

c) **La baja escolarización infantil y la alta proporción de analfabetismo adulto.**

d) **Servicios de salud ineficaces y poco extendidos.**

e) **Poca disponibilidad de energía.**

f) **Sistemas de comunicación y transporte deficientes.**

Comedor de beneficencia para personas pobres en Lahore, en Pakistán.

Actividades

11. Busca en Internet estadísticas que muestren las diferencias económicas entre Norte y Sur. Compara los países más pobres y los más ricos del mundo, y también con el Estado español. Puedes centrarte en un solo tema, por ejemplo, escolarización infantil, índice de analfabetismo, tasa de médicos por persona, etc.

Las causas de las desigualdades Norte-Sur no hay que buscarlas tanto en las condiciones geográficas y físicas como en la evolución histórica, política, social y económica. Precisamente, por tener mucha riqueza, los países del Sur fueron colonizados por los países del Norte, que los utilizaron para aprovisionarse de las materias primas que necesitaban sus industrias. Para ejercer este tipo de explotación, impusieron sistemas políticos al servicio de sus intereses. Aunque durante el siglo XX se ha producido un proceso de descolonización, la mayoría de los países dependen económicamente del Norte, hecho que se agudiza cada vez más debido al proceso de **globalización económica**. Así pues, los principales culpables de la situación de los países del Sur han sido los del Norte. Si estos han podido llegar a la llamada *sociedad del bienestar* ha sido, en gran parte, a costa de la **explotación** de aquellos; primero de modo directo y actualmente por la vía de la explotación financiera. Lo primero que habría que parar es este tipo de explotación solucionando el problema de la deuda, que es básicamente lo que impide que entren en un camino real de desarrollo autónomo.

Por otro lado, si nos fijamos a nivel intraestatal, también podemos constatar que existen grandes diferencias entre la población más rica y la más pobre de la sociedad. Existen colectivos que se encuentran en situación de desigualdad socioeconómica, lo cual los hace vulnerables y posibles víctimas de discriminación. En definitiva, visto el panorama, podemos afirmar que existen grandes diferencias en el ejercicio de los derechos humanos, tanto a nivel mundial como estatal, a causa de problemas como la desigualdad, la explotación, la discriminación, etc.

4. Instituciones y voluntariado en pro de los derechos humanos

A pesar del triste panorama que acabamos de describir en esta unidad, se ha avanzado mucho en el respeto por los derechos humanos gracias a organismos internacionales, tanto oficiales como de iniciativa ciudadana. Se han creado organizaciones específicas para problemas y grupos determinados (por ejemplo, FAO, para la alimentación; OMS, para la sanidad; UNICEF, para la infancia, etc.). En general, y a pesar de los impedimentos que interponen los diferentes Estados, estos organismos internacionales han ido incrementando sus actividades. Sin embargo, han resultado ser insuficientes frente a la magnitud de los problemas mundiales. Ante la inoperancia de muchos gobiernos, hace años que empezaron a crearse las **ONG (Organización No Gubernamental)** por iniciativa ciudadana o de organizaciones privadas. Sus actuaciones han sido muy importantes, tanto

por la denuncia de violación de derechos humanos como por la ayuda humanitaria. Pero la proliferación de ONG también ha comportado algunos problemas, como casos en los que ciertas actividades de algunas ONG eran dudosas: se trata de falsas ONG. Algunas eran organizadas desde los propios Estados y otras tenían finalidades claramente lucrativas, incluso mafiosas.

Hay que añadir también que, aun teniendo finalidades loables, las ONG sirven para suplir las responsabilidades estatales, motivo por el cual reciben subvenciones del Estado. Esto, por un lado, les sirve para financiar sus actividades, pero, por otro, reduce su capacidad crítica y de denuncia. En cualquier caso, el movimiento internacional creciente de las ONG constituye uno de los mayores logros en solidaridad internacional.

La lucha de las ONG atrae a gente muy diversa, desde la famosa de turno que considera su presencia como una parte de su imagen de relaciones públicas, hasta los voluntarios que en la actualidad realizan tareas de salvamento en las costas griegas ante el éxodo masivo de refugiados procedentes de Oriente Medio.

Uno de los comentarios más comunes al hablar de la DUDH es: «muy bonito, pero no se cumplen». De ahí se infiere la inutilidad de la Declaración. De hecho, la cantidad de sufrimiento e injusticia que percibimos al ver cualquier telediario parece llevarnos a esta conclusión. Pero es una idea errónea.

En primer lugar, quien opina así no se da cuenta de que lo que permite decir que no se cumplen es la existencia de la Declaración. Se puede decir que no se cumple porque utilizamos la Declaración como medida de la dignidad humana en cada situación. En segundo lugar, no puede minusvalorarse su efectividad legal; ya que, como hemos señalado, aunque no sea un texto vinculante, ha promovido la firma de tratados y pactos que sí lo son.

Está claro que la complejidad de la realidad impide que se avance en todo momento. Siempre acechará la injusticia, el poder sin límites, la militarización de los conflictos, etc. Por ello, la definición de los derechos humanos nunca se agotará. En un mundo donde aumente sustancialmente el respeto a los derechos humanos no dejará de haber conflictos, pero se tratará de regularlos de forma pacífica. Dejemos de pensar en un mundo perfecto y celestial y centrémonos en este mundo: el nuestro.

Actividades

12. Busca información sobre alguna ONG que realice un trabajo que sea de tu interés. Puedes escoger, entre otras, alguna de esta lista: Humans Rights Watch, Cruz Roja, Intermón Oxfam, Médicos Sin Fronteras, Cáritas, etc. Investiga a qué se dedican, qué programas están desarrollando actualmente y cómo se puede contribuir.

En esta unidad hemos aprendido que:

- Las características de los **derechos** de la DUDH son las siguientes: **universales** (pertenecen a todos y cada uno de los seres humanos, sin discriminación), **inherentes** (forman parte de la persona de manera esencial), **gratuitos** (no hay que hacer nada para ganárselos), **imprescriptibles** (aunque no los ejerzas, no los pierdes) e **inalienables** (hagas lo que hagas, no te los pueden quitar).
- Existen prácticas cotidianas que vulneran los derechos humanos: el trato discriminatorio, la **desigualdad**, la **marginalización**, la **explotación**, etc. Es un tipo de violencia indirecta, ya que no se ejerce a través de la fuerza física, sino que se produce en la relación de desigualdad. *Discriminar* significa 'diferenciar', tratar de forma desfavorable a una persona o grupo de personas a causa de perjuicios vinculados a la pertenencia a una categoría social distinta. Se ha calificado la discriminación como una forma de **violencia pasiva**.
- Existen diferentes tipos de discriminación: **racismo y xenofobia**, **sexismo**, **machismo** y **discriminación sexual o de género**, **homofobia**, etc.
- Las **desigualdades** entre ricos y pobres son cada vez mayores: elevados índices de pobreza, desnutrición, baja escolarización infantil y alta proporción de analfabetismo adulto, servicios de salud ineficaces y poco extendidos, poca disponibilidad de energía y sistemas de comunicación y transporte deficientes.
- Las causas de las **desigualdades Norte-Sur** se encuentran en la colonización que practicaron los países del Norte y que luego pasó a convertirse en explotación financiera en los países del Sur.
- Se han creado organismos institucionales específicos a nivel internacional para problemas concretos (FAO, OMS, UNICEF, etc.). Pero, ante la inoperancia de muchos gobiernos, empezaron a crearse las ONG por iniciativa ciudadana u organizaciones privadas.
- La DUDH sirve como medida de la dignidad humana en cada situación y, aunque no sea un texto vinculante, ha promovido la firma de tratados y pactos que sí lo son.

TICS de ética

Lee y reflexiona:

«Si es verdad que una cosa, tanto en el mundo de lo histórico-político como en el de lo sensible, solo es real cuando se muestra y se percibe desde todas sus facetas, entonces siempre es necesaria una pluralidad de personas o pueblos, y una pluralidad de puntos de vista, para hacer posible la realidad y garantizar su persistencia. Dicho con otras palabras, el mundo solo surge cuando hay diversas perspectivas [...]. Si, por el contrario, aconteciera que, a causa de una enorme catástrofe, restara un solo pueblo sobre la Tierra, en que todos lo vieran y comprendieran todo desde la misma perspectiva, y vivieran en completa unanimidad, entonces el mundo, en sentido histórico-político, llegaría a su fin y los supervivientes, que permanecerían sin mundo sobre la Tierra, no tendrían más en común con nosotros».

Hannah Arendt, *¿Qué es la política?* (1997)

- Resume con tus palabras y de forma muy breve lo que crees que quiere transmitir la autora con este mensaje. Puedes hacer un dibujo o un esquema, si quieres.
- ¿Qué crees que significa que la pluralidad de las personas o pueblos es imprescindible para hacer posible la realidad y garantizar su persistencia?
- ¿Crees que sería posible un mundo sin pluralidad? ¿Por qué crees que Arendt dice que en un mundo sin pluralidad los supervivientes no tendrían nada que ver con nosotros?

ACTIVIDADES DE CONSOLIDACIÓN

1. Elabora un mapa conceptual con los contenidos más importantes de esta unidad, tomando como punto de partida los derechos humanos y sus características.

2. A continuación, tienes una lista de los derechos que se contemplan en la DUDH. ¿Crees que hoy en día todas las personas gozan de estos derechos? ¿Cuáles crees que son los más vulnerados y por qué? ¿Cómo podrías ayudar para que la Declaración Universal fuera respetada y acatada en tu entorno? Y en el resto del mundo, ¿podrías hacer algo?

Derechos **CIVILES Y POLÍTICOS**

- Derecho a la vida
- Derecho a la integridad personal
- Derecho a la igualdad
- Derecho a la libertad
- Derecho al honor, a la vida privada y la información
- Derechos políticos
- Derechos frente a las administraciones
- Asilo, nacionalidad, migraciones y extranjería

Derechos con relación a la **ADMINISTRACIÓN DE JUSTICIA**

- Derechos de los detenidos y presos y de los inculpados en procesos penales

Derechos **ECONÓMICOS, SOCIALES Y CULTURALES**

- Seguridad social
- Salud
- Educación
- Nivel de vida adecuado y medios de subsistencia (vivienda, alimentación, agua...)
- Familia
- Medio ambiente
- Otros

Derechos con relación al **EMPLEO** (derechos laborales)

Derechos de **LOS PUEBLOS**

Derechos de las **VÍCTIMAS DE VIOLACIONES** de derechos humanos

3. Como hemos visto en la unidad, la desigualdad y la discriminación son **multicausales**. Vamos a examinarlas concretándolas en un caso paradigmático, el del nazismo alemán, impulsado por el dictador Adolf Hitler en la primera mitad del siglo XX, quien consideraba inferiores a los judíos, pero también a otros colectivos como los homosexuales, los gitanos, etc. A partir de esta pauta, elige un conflicto o un tipo de discriminación actual (como el sexismo, el racismo, etc.) y describe sus causas concretas.

4. Sitúa en un mapamundi dos de las violaciones de derechos que se han mencionado en la unidad. Busca información al respecto y complétala con cifras. Este trabajo se puede hacer en grupo, de forma que se repartan los conflictos, y luego hacer una exposición oral para ponerlos en común.

Causas generales	Causas concretas
Circunstancias socioeconómicas	El desventajoso **resultado de la Primera Guerra Mundial** para Alemania.
Ideología	Modelo del **perfecto alemán**: duro, fuerte, violento, dominador y cruel. **Estereotipo del judío**, concibiéndolo como un ser avaro, insolente y rastrero.
Miedo	El inmenso poder del partido nacionalsocialista alemán hizo que algunas personas **prefiriesen pasar desapercibidas** o no alzar su voz.
Personalidad dócil e imitativa	Algunas personas acataban las órdenes de las autoridades de forma acrítica porque estaban acostumbradas, ya que en Alemania era muy frecuente que los **padres de familia fueran muy autoritarios** y sus órdenes no fueran cuestionadas.
Inconsciencia	En el régimen nazi, el trabajo estaba muy **burocratizado y compartimentado**.

UN CIENTÍFICO, QUE VIVÍA PREOCUPADO POR LOS PROBLEMAS DEL MUNDO, ESTABA RESUELTO A ENCONTRAR LOS MEDIOS PARA SUBSANARLOS.
PASABA DÍAS EN SU LABORATORIO EN BUSCA DE RESPUESTAS PARA SUS DUDAS.
CIERTO DÍA, SU HIJO DE SIETE AÑOS INVADIÓ SU SANTUARIO DECIDIDO A AYUDARLO A TRABAJAR.
EL CIENTÍFICO, NERVIOSO POR LA INTERRUPCIÓN, LE PIDIÓ AL NIÑO QUE FUESE A JUGAR A OTRO LADO.
VIENDO QUE ERA IMPOSIBLE SACARLO, EL PADRE PENSÓ EN ALGO QUE PUDIESE DARLE CON EL OBJETIVO DE DISTRAER SU ATENCIÓN. DE REPENTE, SE ENCONTRÓ CON UNA REVISTA, EN LA QUE HABÍA UN MAPA CON EL MUNDO EN VARIOS PEDAZOS Y, JUNTO CON UN ROLLO DE CINTA ADHESIVA, SE LO ENTREGÓ A SU HIJO, DICIENDO
COMO TE GUSTAN LOS ROMPECABEZAS, TE VOY A DAR EL MUNDO TODO ROTO PARA QUE LO REPARES SIN AYUDA DE NADIE.
ENTONCES CALCULÓ QUE AL PEQUEÑO LE LLEVARÍA DIEZ DÍAS COMPONER EL MAPA, PERO NO FUE ASÍ. PASADAS ALGUNAS HORAS, ESCUCHÓ LA VOZ DEL NIÑO, QUE LO LLAMABA CALMADAMENTE.
PAPÁ, PAPÁ, YA LO HICE TODO; CONSEGUÍ TERMINARLO.
AL PRINCIPIO, EL PADRE NO CREYÓ AL NIÑO. PENSÓ QUE SERÍA IMPOSIBLE QUE, A SU EDAD, HUBIESE CONSEGUIDO RECOMPONER UN MAPA QUE JAMÁS HABÍA VISTO.
DESCONFIADO, EL CIENTÍFICO LEVANTÓ LA VISTA DE SUS ANOTACIONES CON LA CERTEZA DE QUE VERÍA EL TRABAJO DIGNO DE UN NIÑO.
PARA SU SORPRESA, EL MAPA ESTABA COMPLETO. TODOS LOS PEDAZOS HABÍAN SIDO COLOCADOS EN SUS LUGARES CORRESPONDIENTES. ¿CÓMO ERA POSIBLE? ¿CÓMO EL NIÑO HABÍA SIDO CAPAZ?
HIJITO, TÚ NO SABÍAS CÓMO ERA EL MUNDO, ¿CÓMO LO LOGRASTE?
PAPÁ, YO NO SABÍA CÓMO ERA EL MUNDO; PERO CUANDO SACASTE EL MAPA DE LA REVISTA PARA RECORTARLO, VI QUE DEL OTRO LADO ESTABA LA FIGURA DE UN HOMBRE.
ASÍ QUE DI VUELTA A LOS RECORTES Y COMENCÉ A RECOMPONER AL HOMBRE, QUE SÍ SABÍA CÓMO ERA.
CUANDO CONSEGUÍ ARREGLAR AL HOMBRE, DI LA VUELTA A LA HOJA Y VI QUE HABÍA ARREGLADO AL MUNDO.

El derecho a la seguridad y la paz como principio ético y deber cívico

8

UNIDAD

a) Pon un título a este «cuento con alma».

b) ¿Cuál es el alma de este cuento, es decir, su moraleja?

c) Redacta, a tu manera y en cinco líneas, la narración que acabas de leer.

d) Hay quien piensa que, para mejorar el mundo, primero hay que mejorar a las personas; por el contrario, hay quien piensa que, para mejorar a las personas, primero hay que mejorar el mundo, es decir, las condiciones de vida de las personas. Tú, ¿qué piensas de estas dos opciones? Procura exponer tu opinión dando razones en pro y/o en contra de cada una de las dos opciones.

e) La tesis según la cual «otro mundo es posible», ¿pasa necesariamente por la desaparición de los ejércitos? Razona tu respuesta. ¿Cuántos países hay en el mundo que carezcan de ejército?

En esta unidad hablaremos de:

- La concepción de la seguridad y la paz en la Carta de las Naciones Unidas.
- Cambios en esta concepción a partir del final de la guerra fría.
- ¿Qué es una amenaza en la Carta?
- Dos significados del término *soberanía.*
- La seguridad y la paz, condiciones necesarias para el ejercicio de los derechos humanos.
- Nuevas amenazas para la paz y la seguridad: terrorismo, narcotráfico y crimen organizado.
- Otras amenazas.
- La Constitución española y su concepción del Estado.
- La Constitución española y las Fuerzas Armadas: sus tareas constitucionales.
- Unas fuerzas armadas democráticas.
- España y sus compromisos con la ONU, la OTAN y la UE.
- Misiones internacionales de las Fuerzas Armadas.

1. La seguridad y la paz como condiciones para el ejercicio de los derechos humanos

La Carta de las Naciones Unidas, de 26 de junio de 1945, se inicia afirmando «Nosotros, los pueblos de las Naciones Unidas, resueltos: a preservar a las generaciones venideras del flagelo de la guerra [...] y a unir nuestras fuerzas para el mantenimiento de la paz y la seguridad internacionales».

Las Naciones Unidas han contribuido al **mantenimiento de la paz y la seguridad** internacionales desde el final de la Segunda Guerra Mundial a través del Consejo de Seguridad. El Consejo de Seguridad de la ONU es el órgano con más poder de las Naciones Unidas. La ONU solo suele hacer recomendaciones a los gobiernos de los Estados miembros, pero las decisiones –«resoluciones»– tomadas por el Consejo de Seguridad deben obedecerse según el acuerdo de la Carta de las Naciones Unidas.

El **sistema de seguridad internacional** que propone la Carta de las Naciones Unidas se basa en dos elementos fundamentales. En primer lugar, se prohíbe a los Estados amenazar con el uso de la fuerza o hacer uso de la misma, tanto en las relaciones internacionales como para otros fines contrarios a los propósitos de la ONU; el uso de la fuerza solo es aceptado en caso de legítima defensa. Por otro lado, se establece un sistema centralizado de seguridad colectiva, que viene definido en el capítulo VII de la Carta. Allí se da al Consejo de Seguridad la responsabilidad fundamental en la toma de decisiones y en las actuaciones consecuentes en el uso de la fuerza.

Después de la caída del muro de Berlín y el consiguiente fin de la guerra fría, especialmente después de los atentados de las Torres Gemelas –que significaron un giro importante en el terrorismo internacional–, las instancias nacionales e internacionales han dedicado muchos esfuerzos a analizar, por un lado, algu-

Conflictos devastadores sacuden el planeta. La guerra civil siria, por ejemplo, que se libra desde 2011 y que ha causado más de un millón de víctimas y el éxodo masivo de cientos de miles de personas hacia Occidente. Los refugiados, acogidos con mayor o menor predisposición por los países en los que han solicitado refugio, malviven en su mayoría en campamentos improvisados con mínimas condiciones alimentarias e higiénicas.

La ONU dispone de un cuerpo militar conocido como Cascos Azules, que está formado por contingentes militares de los países miembros. En la imagen, ceremonia de condecoración de soldados de los Cascos Azules.

nos aspectos generales de este sistema de seguridad a fin de adaptarlo a los nuevos tiempos y a las nuevas exigencias de la situación internacional.

Así, se pretende que la seguridad colectiva no se reduzca a la de los Estados, siempre celosos de su integridad y sus derechos, sino que en ella se incluya también la seguridad de las personas y los grupos, es decir, que ofrezca una seguridad verdadera a toda la comunidad internacional.

El sistema de seguridad tradicional que impulsó la ONU después de la Segunda Guerra Mundial tenía como principal objetivo mantener la paz y la seguridad internacionales proporcionando seguridad a los Estados y garantizando la integridad territorial o la independencia política de cada Estado miembro. De esta manera, el objetivo primordial era la seguridad de los Estados antes que la de las personas; en los últimos años, después del derrumbe de la política de bloques con el desmembramiento de la URSS, la política de seguridad internacional se ha centrado también en las personas y no solo en los Estados.

El cambio en la idea de **soberanía** que manejan los Estados y la comunidad internacional ha ayudado a ampliar la concepción de la seguridad prestando atención a la de las personas. Antes, la soberanía se entendía como la independencia de la que gozaban los Estados y las atribuciones y derechos que les permitían el control sobre la población y el territorio; en la actualidad, a estas atribuciones y derechos se les ha añadido, como función principal, la de responsabilidad sobre las personas y el territorio. Se trata de una responsabilidad que obliga a proteger no solo el territorio del Estado sino también la vida de sus ciudadanos, a preocuparse por la seguridad de los mismos y a promover su bienestar. De esta manera, cuando un estado no ejerce –porque no puede o no quiere– su responsabilidad de proteger a las personas o él mismo actúa con violencia y causa crímenes contra sus ciudadanos, la comunidad internacional tiene la obligación de proteger a las personas que se encuentran en peligro.

Amplía

En este sentido, es significativa la ampliación por parte del Consejo de Seguridad del concepto de **amenaza** a la paz y la seguridad. Tradicionalmente, se consideraba una amenaza la invasión de un país por otro, la violación de las fronteras reconocidas o la ruptura unilateral de un tratado internacional; hoy en día, el Consejo de Seguridad califica de amenaza hechos que no son meras confrontaciones entre Estados, como, por ejemplo, el terrorismo internacional, la proliferación de armas de destrucción masiva, los actos de piratería contra barcos en las costas de Somalia, los asesinatos en masa y las prácticas de genocidio en la antigua Yugoslavia, la violación sistemática de los derechos humanos por gobiernos ilegales o los intentos de destruir un grupo étnico, como en los casos de Haití y Ruanda en la década de 1990.

En estos casos, el Consejo de Seguridad ha adoptado medidas, incluido el uso de la fuerza armada, para la protección de personas y grupos que son objeto de graves violaciones de sus derechos fundamentales.

La carrera armamentística y la investigación militar deben ser profundamente revisadas, puesto que se da la paradoja de que los países más críticos con el tráfico de armas, el terrorismo o el crimen organizado son los que dominan el mercado de armas. Este cazabombardero fabricado en Estados Unidos vale 31 millones de dólares por unidad.

Al reflexionar sobre la seguridad y la paz en el mundo, y teniendo en cuenta la continua información que recibimos de guerras, atentados y situaciones conflictivas –atentados de Moscú, Londres, París, Bruselas; guerras de Afganistán, Irak o Siria, etc.– a uno se le abren continuamente interrogantes como los siguientes: ¿hay más violencia ahora que hace veinte años, por ejemplo? ¿Puede que algún día desaparezcan los ejércitos? ¿Es necesaria la investigación en armamento y la industria armamentística? ¿Hay que admitir que son ciertas aquellas sentencias que encontramos en los antiguos, según la cuales, «si quieres la paz, prepara la guerra», o «el hombre es un lobo para el hombre y la vida humana es un estado de guerra de todos contra todos»? En resumidas cuentas, ¿forma parte la violencia de la naturaleza humana?

Excepto la primera, las demás son difíciles de responder. La historia del pensamiento nos ofrece las más variadas respuestas acerca de estos espinosos temas, pero es difícil calibrar la verdad de estas concepciones filosóficas. Por eso, solo apuntaremos algunas reflexiones.

No sabemos qué nos depara el futuro, pero podemos intentar, y quizá conseguir, que la violencia en nuestro entorno sea menor y colaborar para que el mundo sea un poco más pacífico.

El conocimiento del pasado con el estudio de la historia nos depara un panorama no demasiado halagüeño para ser excesivamente optimistas, pero nos ofrece modelos –como M. Gandhi, M. L. King o Teresa de Calcuta– que nos muestran que otro mundo es posible.

Es difícil prever la desaparición de los ejércitos o no es realista postular su supresión –esa posibilidad más bien parece una utopía–, pero sí se puede orientar el ejército de cada país a actuar en situaciones de catástrofes, misiones pacificadoras de organismos internacionales como la ONU, terrorismo o crimen organizado, y que dejen de ocuparse de los temas políticos de la ciudadanía de su propio país; sin embargo, eso solo es factible si se profundiza en la democracia.

Finalmente, dos notas sobre las opiniones apuntadas de los antiguos y la idea de una naturaleza humana violenta: la paz no puede fundarse sobre la guerra, sino en el diálogo, la transacción y el pacto, y sobre la naturaleza cabe postular la posibilidad de mejorarla si somos capaces de crear unas condiciones sociales más justas.

Respecto a la cuestión de si el mundo de hoy es más peligroso, menos seguro y más conflictivo que el de hace veinte años, podemos referirnos a dos aspectos. En primer lugar, el exceso de información en las radios, televisiones y redes sociales da la impresión de que, efectivamente, es así y, de hecho, nuestro mundo es peligroso, inseguro y conflictivo. Pero, y este es el segundo aspecto, hoy, en cuanto a la extensión de los conflictos, nuestro mundo es más seguro que antes del final de la guerra fría.

De todas maneras, la inseguridad y el conflicto acompañan a las grandes lacras de nuestro mundo: la pobreza, el hambre, el subdesarrollo. Los países pobres, por ejemplo, son más propensos a los conflictos armados, pues surgen por el intento de apoderarse de los pocos recursos existentes. Además, los Estados pobres no tienen los recursos necesarios para hacer frente a las causas de las rebeliones y a los grupos rebeldes. Hay más inseguridad en las zonas donde menos se respetan los derechos humanos: la persona cuya dignidad no se respeta, la que es torturada, la que no tiene con qué satisfacer su hambre, la que se ve obligada a abandonar su casa y su país, la que no puede actuar con libertad... carece de seguridad y no vive en paz. Como se afirma en la Declaración sobre el derecho del ser humano a la paz (1997): «La paz duradera es premisa y requisito para el ejercicio de todos los derechos y deberes humanos... La paz de la libertad [...], de la igualdad, de la solidaridad, donde todos los ciudadanos cuentan, conviven, comparten. Paz, desarrollo y democracia forman un triángulo interactivo. [...] Sin democracia no hay desarrollo duradero».

Amplía

Dos datos para justificar la afirmación de que nuestro mundo es más seguro que antes del final de la guerra fría: en 2005 había en el mundo un 40 % menos de conflictos armados que antes del final de la guerra fría, los conflictos con gran cantidad de bajas –más de 1 000 muertes al año en la confrontación bélica– era un 80 % menor, y las muertes en guerras civiles fueron más de doscientas mil en 1998, mientras que en 2008 fueron menos de cincuenta mil.

Actividades

1. Cuando al principio de la Carta de las Naciones Unidas se habla del «flagelo de la guerra», ¿a qué se refiere la palabra *flagelo*? ¿A qué guerra se refiere el texto? Anota algunos hechos relevantes que se produjeron en esa guerra.
2. El Consejo de Seguridad tiene cinco miembro permanentes. ¿Qué países son? Además, tiene diez miembros que son elegidos por la Asamblea General por un término de dos años. ¿Qué países son actualmente estos diez miembros elegidos por el Consejo de Seguridad?
3. Busca el capítulo VII de la Carta de las Naciones Unidas. Toma nota de los artículos 39 y 41 y coméntalos.
4. ¿Qué fue la guerra fría? ¿Desde cuándo y hasta cuándo duró?
5. En un mapamundi, señala todos los países y ciudades citados en este apartado. (Guárdalo para completarlo con los siguientes apartados).

2. Las nuevas amenazas para la paz y la seguridad

Este grupo de inmigrantes ilegales mexicanos han sido detenidos por la policía del estado norteamericano de Arizona cuando intentaban entrar en Estados Unidos. El tráfico de personas es uno de los negocios más lucrativos para las mafias internacionales, junto con el comercio de armas y de drogas.

La caída del muro de Berlín (1989) comportó el final de la guerra fría y, con ello, pareció que disminuía la posibilidad de guerra entre Estados. En consecuencia, surgieron nuevas oportunidades para la paz y la seguridad. Pero también aparecieron nuevas amenazas a la paz, nuevos tipos de conflictos y nuevos desafíos a la seguridad internacional.

Las nuevas amenazas a la paz y seguridad han obligado a reorientar las funciones de las Fuerzas Armadas (FF. AA.) y de los servicios de inteligencia; la policía ha tenido que prestar más atención a cuestiones como las migraciones, el blanqueo de capitales o las nuevas tecnologías y se han tenido que modificar las estrategias de defensa y seguridad internacionales. Parecía, al menos al principio, que estas nuevas amenazas a la paz y seguridad no ponían en peligro a las grandes potencias ni a las democracias y economías avanzadas. Por ello no se tomaron medidas conjuntas para la eliminación de estas amenazas, y a menudo cada Estado ha ido eligiendo en qué conflictos intervenir y en cuáles no.

Pero ¿de qué nuevas amenazas a la paz y seguridad internacionales hablamos? Nos referimos, fundamentalmente, al narcotráfico, al terrorismo y al crimen organizado. En otras épocas, como se ha dicho, la seguridad tenía como objetivos el territorio, el poder militar, la autonomía de decisión de un estado o su soberanía. Estas nuevas amenazas no atacan a estos objetivos tradicionales, sino a la población civil y a la integridad de las instituciones.

Otras características de estas nuevas amenazas que han prosperado desde el final de la guerra fría son que rebasan el marco de un estado y se han internacionalizado, y además se han unido diversos grupos que han constituido grandes y complejas organizaciones a las que un estado solo no puede hacer frente y derrotarlas. La globalización de los mercados y la flexibilización de las fronteras han favorecido el nacimiento de estas grandes organizaciones delictivas, que se han adaptado a los diversos contextos regionales, donde colaboran o coexisten el narcotráfico y el terrorismo, además del tráfico ilegal de armas. Estas nuevas actividades delictivas coinciden en generar un alto grado de violencia y producen efectos de gran inseguridad en la vida cotidiana y de alta inestabilidad en amplias regiones del mundo.

Estas características de las nuevas amenazas –internacionalización, globalidad, interconexiones y magnitud– han desfasado las orientaciones, previsiones y pautas con las que los Estados atendían tradicionalmente a la propia seguridad y a la de sus ciudadanos.

No se trata de conflictos de intereses opuestos entre Estados, ni tampoco de confrontaciones entre facciones que se disputan el poder en el interior de un estado. El conflicto típico posterior a la guerra fría suele ser la manifestación de un proceso de fragmentación social y política, usualmente acompañado por la crisis del Estado o, a veces, por procesos de desintegración estatal. Estas guerras se producen en el interior de un estado, pero sus efectos sobrepasan sus fronteras. Involucran identidades nacionales sin territorio, etnias y religiones enfrentadas en un mismo territorio, y en ellas se producen graves conflictos con persecuciones de minorías, actos de genocidio y grandes desplazamientos de personas que se ven obligadas a emigrar.

Después de la Segunda Guerra Mundial (1945), con la aprobación de la Carta de las Naciones Unidas, la preocupación primordial era regular o evitar el uso de la fuerza en los conflictos entre Estados. El sistema de las Naciones Unidas intenta preservar los derechos y atribuciones de los Estados: soberanía territorial, derecho a la autodeterminación, derecho a la legítima defensa.

En los últimos años, la proliferación de conflictos intraestatales y sus vastos efectos sobre las poblaciones civiles han causado una creciente preocupación en los organismos internacionales y en las grandes potencias; ello ha llevado a considerar estos conflictos como amenazas a la paz y la seguridad internacionales, con lo que se justifica la intervención internacional. Sin embargo, estas guerras son incontrolables para la comunidad internacional. A menudo estos conflictos son auténticas tragedias humanitarias para las víctimas que sufren las consecuencias de los mismos, y solo las regiones ricas, vecinas, se sienten seriamente amenazadas ante los conflictos.

Estos conflictos se producen, principalmente, en Estados pobres con intensos enfrentamientos sociales, religiosos o étnicos y débiles estructuras estatales; suelen darse en medios urbanos, fácilmente se convierten en guerras en las que se ve involucrada la población civil y a menudo comportan violaciones masivas de los derechos humanos. Encontramos ejemplos de esta problemática en parte de la ex Unión Soviética, Oriente Medio, la mayor parte de África, el sudeste y este de Asia y en algunas zonas de América Latina.

Las características específicas que acabamos de describir, de las nuevas amenazas a la paz y seguridad internacionales, requieren de una colaboración conjunta de los Estados. Por ello se ponen en marcha procesos de integración o interdependencia en materia de seguridad. Los Estados tienden a establecer formas de asociación y cooperación en materia de seguridad, con lo que la seguridad de cada Estado depende cada vez más del organismo con el que se asocia.

Anteriormente, se podía dar a los conflictos interestatales una solución de carácter militar, pues se manejaba el concepto agresión para justificar una intervención. Con las nuevas amenazas, que no nacen de conflictos interestatales y que se desarrollan en ámbitos que no reconocen fronteras, el uso de las FF. AA. pasa a ser problemático. Por ello se plantea una seguridad de carácter global, pero existen muchas dificultades para desarrollarla y encararse a las nuevas amenazas. Estas dificultades se manifiestan en la diversidad de variables en que se mueve cada Estado y en la opinión pública, local e internacional, que no ve con buenos ojos el uso de la fuerza militar.

Por estos motivos, los gobiernos esperan a la intensificación de las crisis para intervenir militarmente, y evalúan lo que representa una intervención para el país y para el sistema internacional; consideran si la intervención militar puede cambiar la situación; se preguntan cómo pueden justificar el uso de la fuerza en situaciones donde no hay una guerra declarada.

Apuntemos algunos rasgos de cada una de las tres grandes amenazas nuevas a las que debe enfrentarse la seguridad internacional:

Narcotráfico. Condiciona, debilita y erosiona la capacidad del Estado de controlar su población y territorio, y pierde la capacidad de ejercer el monopolio de la fuerza que le corresponde como tal. A menudo se establecen vínculos entre el terrorismo, el narcotráfico y el crimen organizado, lo cual pone en peligro la gobernabilidad de muchos países. Tenemos muchos ejemplos de ello en América Latina y en el norte de África. En diciembre de 1994, la Asamblea General de las Naciones Unidas ponía de relieve que la gobernabilidad democrática va ligada al desarrollo humano, la paz y la seguridad internacionales, y denunciaba los vínculos entre grupos terroristas y traficantes de drogas y sus bandas paramilitares, que ejercen todo tipo de violencia, ponen en peligro el orden constitucional de los Estados y violan los derechos humanos básicos. Por todo ello, fortalecer la democracia y sus instituciones en el mundo es un modo de hacer frente a los grupos narcoterroristas.

Terrorismo. Tras los atentados del 11 de septiembre de 2001 en los Estados Unidos y la guerra de Irak, el terrorismo se ha convertido en una de las principales preocupaciones y uno de los mayores peligros para la comunidad internacional. El terrorismo, especialmente el yihadista, se ha convertido en la expresión de todo el odio, la frustración y la intolerancia que genera la globalización. Esto se debe a la enorme distancia que existe entre quienes globalizan y quienes son globalizados: la asimetría entre los países desarrollados y subdesarrollados es cada vez mayor. Los primeros devienen más ricos y los otros, más pobres; y lo mismo sucede en el interior de los países más desarrollados: sus clases altas acumulan más riqueza y las periferias de las grandes ciudades no dejan de empobrecerse. Solo hay que fijarse en los datos que se nos ofrecen de vez en cuando sobre el aumento de las desigualdades sociales: por ejemplo, el 20 % más rico de la población mundial tiene más del 80 % del producto bruto, el comercio, las exportaciones, las inversiones y más del 90 % del crédito. El 20 % más pobre posee menos del 1 %. Es evidente que este sistema de globalización falla, pues solo favorece los intereses de un 20 % de la población mundial: se toman las decisiones basándose en los intereses de esa minoría y se marginan los intereses de los sectores menos afortunados. La injusticia, la desesperanza, la humillación y la pobreza son algunas de las causas que activan el caldo de cultivo del terrorismo. Aquellos sectores cuyos intereses no son atendidos –así lo sienten ellos– ven en el terrorismo un instrumento para conseguir cambios, que les permitan superar su frustración. Todo acto terrorista es absolutamente injustificable, pero es necesario comprender que el terrorismo es una manifestación de que los intereses de amplias capas de la población no se han tenido en cuenta.

El terrorismo es considerado por las Naciones Unidas como un acto delictivo sin justificación alguna, cualesquiera que sean los motivos que se esgriman; por ello, todo acto terrorista debe ser castigado adecuadamente. Asimismo, se subraya que los actos terroristas tienen fines políticos y buscan causar el pánico en las personas; este hecho diferencia el terrorismo de otras formas de crimen, lo que exige un tratamiento jurídico específico.

Delincuencia organizada. El proceso de globalización y la difusión de la tecnología producen cambios significativos en la naturaleza y el alcance de la delincuencia organizada: se diversifican sus actividades ilícitas y aumenta el número de países afectados por esta delincuencia. Así, se observa una rápida expansión de actividades delictivas, como la trata de personas, el tráfico ilícito de armas de fuego y el de vehículos robados, el de recursos naturales y el de objetos culturales, el de sustancias que agotan la capa de ozono y el de desechos peligrosos, también el de especies amenazadas de fauna y flora silvestres, se trafica con órganos humanos y se secuestra para obtener un rescate. Los adelantos en la tecnología de las comunicaciones han hecho aumentar significativamente el fraude por Internet. Las nuevas tecnologías confieren más flexibilidad y dinamismo a las organizaciones delictivas: el correo electrónico y las redes sociales también son instrumentos sumamente efectivos para el crimen organizado. El empuje de la globalización, con la apertura de nuevos mercados y la ayuda de las nuevas tecnologías, ha producido un crecimiento espectacular del crimen organizado en los países en vías de desarrollo. Estos países, así como aquellos que se hallan en situaciones de conflicto, son particularmente vulnerables al crecimiento de esta delincuencia, una amenaza real para el desarrollo de instituciones como la policía, los servicios de aduana y el poder judicial, que pueden adoptar prácticas delictivas y corruptas. La delincuencia organizada y las prácticas corruptas van de la mano: la corrupción permite las actividades ilícitas y dificulta las intervenciones de los organismos encargados de hacer cumplir la ley. Es más, la experiencia ha demostrado que existe un nexo entre el crimen organizado, la corrupción y el terrorismo.

Actividades

6. ¿Qué era el muro de Berlín? ¿Cuándo fue construido y con qué finalidad?

7. ¿Qué es la yihad?

8. Toma un ejemplo de cada una de las tres grandes amenazas que se citan en el apartado –narcotráfico, terrorismo y crimen organizado–, busca información y redacta un informe para cada caso.

9. Describe brevemente en qué consiste la *globalización*. Con la crisis de los últimos años se han hecho más patentes los aspectos negativos de la globalización: aporta nuevos datos a esta apreciación. ¿Qué aspectos positivos destacarías de la globalización?

10. Sigue completando el mapa que iniciaste en el apartado anterior.

11. Lee con atención estos dos fragmentos de documentos de la Asamblea General de las Naciones Unidas que pertenecen a distintas épocas de la historia de la ONU. ¿Cuál es el tema de estos dos fragmentos?¿Es la agresión ese tema? Justifica tu respuesta. Seguidamente, coméntalos.

«Los actos criminales por razones políticas concebidos o planeados para provocar un estado de terror entre la población, en un grupo de personas o en determinadas personas son injustificables en cualquier circunstancia, cualesquiera sean las consideraciones de índole política, filosófica, ideológica, racial, religiosa, étnica, o de cualquier otra índole que se hagan valer para justificarlos».

«El uso de las FF. AA. por un estado contra la soberanía, la integridad territorial, la independencia política de otro estado, o en cualquier otra forma es incompatible con la Carta de las Naciones Unidas».

3. La misión de las Fuerzas Armadas de España

La norma fundamental que regula la convivencia entre los ciudadanos españoles es la Constitución, aprobada en 1978. Los ciudadanos españoles son sujeto de derechos y libertades, y la Constitución enumera y define estos derechos y se los reconoce a los ciudadanos.

Los dos primeros artículos de la Constitución definen la naturaleza y los caracteres distintivos del Estado español. En el primer artículo se afirma: «España se constituye en un Estado social y democrático de Derecho, que propugna como valores superiores de su ordenamiento jurídico la libertad, la justicia, la igualdad y el pluralismo político». Esto significa que España se define como un estado de derecho, democrático y social, lo que explicita la voluntad firme de construir un estado moderno avanzado, equiparable a los del mundo occidental.

En este primer artículo también se nos indican cuáles son los valores sobre los que se fundamenta este Estado: la libertad, la justicia, la igualdad y el pluralismo político. Eso quiere decir que el Estado «democrático, social y de Derecho» garantiza un conjunto de libertades, que la Constitución va a precisar, que todos los ciudadanos disfrutan de los mismos derechos y servicios, que la ley es igual para todos y que existen partidos políticos, así como otras formas de organización ciudadana, para canalizar los deseos y aspiraciones de los ciudadanos individual y colectivamente.

Demostración de la Unidad Militar de Emergencias del Ejército de Tierra español. La UME está equipada para intervenir en caso de catástrofe natural o cualquier otro tipo de emergencia.

Dentro de este contexto de un estado democrático, ¿qué papel desempeñan las FF. AA.?

La Constitución dedica, total o parcialmente, unos quince artículos a describir el lugar de las FF. AA. en la sociedad. El art. 8 es quizás el fundamental, ya que en él se define su naturaleza y se indican sus funciones. Están constituidas por tres cuerpos, el Ejército de Tierra, la Armada y el Ejército del Aire, y sus funciones son garantizar la soberanía e independencia de España, defender su integridad territorial y el ordenamiento constitucional. Fijémonos en los cuatro conceptos –todos referidos a España como sujeto– que se usan en este artículo: *soberanía* significa que no existe un poder superior; *independencia* significa que ninguna otra instancia –Estado, Ejército, etc.– puede interferir en las decisiones del país; *integridad territorial* significa que las fronteras del Estado no pueden ser modificadas, y *ordenamiento constitucional* hace referencia a la regulación de la vida de la ciudadanía y las instituciones del Estado. La segunda parte del art. 8 apunta que la organización militar se determinará en una ley específica posterior.

Amplía

A principios de enero de 2015, las Fuerzas Armadas españolas contaban con un total de 132 798 efectivos, incluyendo tanto el personal en activo como el personal en la reserva.

Con todo, aunque estos conceptos se manejan de una manera muy rotunda en el artículo precedente, inmediatamente se hace evidente que su alcance se ve muy limitado por la dinámica globalizadora de nuestro mundo: la soberanía se ve limitada por la pertenencia a organismos internacionales como la UE o la OTAN que deciden las políticas a seguir; lo mismo podemos decir de la independencia, ¿qué Estado puede afirmar que es independiente cuando buena parte de sus decisiones vienen determinadas por los mercados o instituciones como el Banco Mundial o el Fondo Monetario Internacional?; y respecto a la integridad territorial, limitada por las fronteras, ¿qué implica el espacio Schengen sino un primer paso para eliminar o, al menos, difuminar las fronteras europeas?

Desde el punto de vista ético, existen muchas cuestiones acerca de lo militar: su naturaleza, su necesidad, su historia o su futuro. Por ejemplo, uno puede preguntarse si, siendo como son autoridades los militares, ¿pueden actuar por iniciativa propia en caso de emergencia, en una catástrofe, en un conflicto social grave o en la secesión de una provincia? La respuesta es negativa, pues si bien es cierto que la Constitución asigna a las FF. AA. un papel destacado en la vida de la sociedad española, el poder militar siempre tiene que estar a las órdenes del poder civil. Este es, precisamente, un signo importante de una sociedad y un estado democráticos.

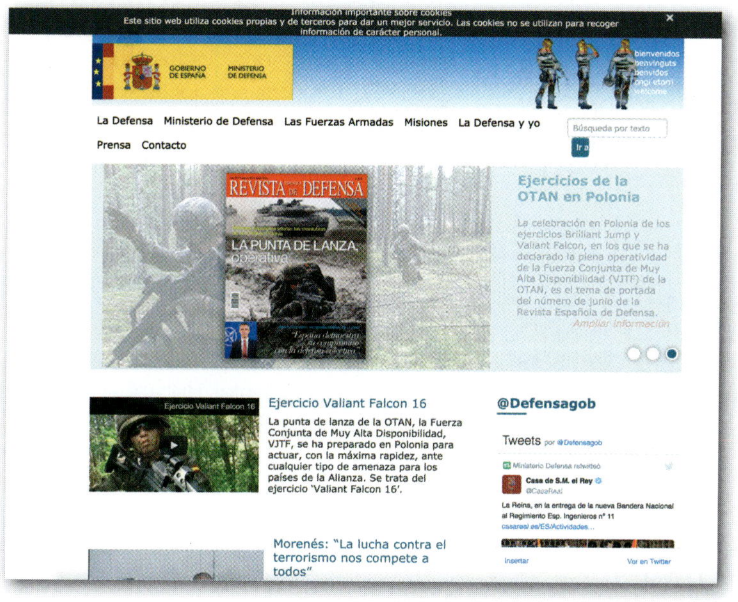

A la izquierda, página del Ministerio de Defensa de España. Arriba, soldados españoles entrenándose en la playa de Las Canteras, Las Palmas.

Actividades

12. ¿Qué es el espacio Schengen? ¿Qué son los acuerdos de Schengen? ¿Qué países y cuándo los firmaron?

13. Busca información acerca de la historia española de los siglos XIX y XX, y escribe el nombre de cinco militares que hayan tenido un papel destacado en la vida política española. Al lado de cada nombre, anota algún hecho político del que fueron protagonistas.

14. Las FF. AA. son instituciones eminentemente jerarquizadas. Construye un vocabulario de las diversas categorías existentes en cada uno de los tres cuerpos de las FF. AA. y ordénalas de mayor a menor autoridad.

15. ¿Qué es la objeción de conciencia, en general, y la objeción de conciencia militar en concreto? Infórmate y haz una pequeña reseña de la historia de la objeción de conciencia al servicio militar en España durante el siglo XX. ¿Qué diferencia existe entre objeción de conciencia e insumisión?

16. Haz una reflexión general sobre la naturaleza de los ejércitos en un mundo globalizado como el nuestro. ¿Existen Estados sin ejército? ¿Crees que llegará el momento en que la mayoría de los ejércitos serán prescindibles? ¿Qué opinas del papel que asigna la Constitución española a sus FF. AA.?

4. Los compromisos internacionales de España

España en la ONU

La ONU, Organización de Naciones Unidas, fue fundada el 26 de junio de 1945 en San Francisco (Estados Unidos) por 51 países firmantes de su Carta fundacional, que entró en vigor el 24 de octubre de 1945, tras ser ratificada por China, Francia, URSS, Reino Unido y Estados Unidos, así como por la mayoría de los signatarios. En la Carta, los países se comprometieron a **mantener la paz y la seguridad internacionales**, a fomentar relaciones de amistad entre las naciones y a promover el progreso social, la mejora del nivel de vida y los derechos humanos, estableciendo así los principios fundamentales que deben regir las relaciones internacionales.

Así pues, en 1955, en plena guerra fría, España entró a formar parte de la Organización de Naciones Unidas y se convirtió en el miembro número 65. Con todo, España no aceptó algunos de los documentos básicos de las Naciones Unidas hasta que no empezó a cambiar la dictadura después de la muerte del general Franco. En 1977 España firmó la Declaración de los Derechos Humanos de las Naciones Unidas.

Amplía

Después de la Segunda Guerra Mundial, España quedó aislada por los aliados, quienes no le permitieron la entrada en las Naciones Unidas por razones políticas. El 9 de febrero de 1946 la ONU, reunida en San Francisco, condenó el régimen español prohibiendo su ingreso en la organización.

Pero el inicio de la guerra fría y el interés de Estados Unidos, que entendía que las sanciones impuestas a España únicamente beneficiaban al bloque soviético, primero facilitaron el levantamiento de las sanciones y, posteriormente, la integración de España en la ONU. Estados Unidos consideró que la integración de España en los organismos internacionales ayudaría a consolidar el bloque occidental, dada la situación estratégica de España, frente al bloque comunista.

España en la OTAN

El 30 de mayo de 1982, España se convirtió en el miembro número dieciséis de la Organización del Tratado del Atlántico Norte (OTAN). En marzo de 1986 se celebró un referéndum que obtuvo algo más de la mitad de los votos a favor de que España participara en la OTAN.

En noviembre de 1996, el Congreso autorizó al Gobierno para que negociase el ingreso de España en la nueva Estructura de Mandos de la OTAN.

España culminó su incorporación plena a la estructura militar integrada de la OTAN el 1 de enero de 1999. A partir de entonces, se produjo la incorporación progresiva de generales, oficiales y suboficiales españoles al resto de cuarteles generales de la estructura de mandos de la OTAN. En julio de 2004, las Fuerzas Conjuntas de la OTAN, en las que participaba España, decidieron desplegar y conducir operaciones terrestres de todo tipo. En los años siguientes se han producido nuevas reformas en el seno de la Alianza en las que España ha participado plenamente.

Amplía

En la propuesta de referéndum se había exceptuado formar parte de la estructura militar integrada, almacenar armas nucleares y hubo el compromiso de reducir las bases aéreas y militares estadounidenses ubicadas en España desde 1953. Ninguna de las condiciones se cumplió.

España en la UE

En 1948 Robert Schuman, ministro de Asuntos Extranjeros de Francia, planteó unificar la producción y el consumo del carbón y el acero francés y alemán –con la unión de las dos industrias, básicas para la construcción de armas, se dificultaba la posibilidad de un nuevo enfrentamiento entre Francia y Alemania–, y crear una comunidad europea abierta a todos los países de Europa. Poco después, con seis países, se puso en marcha el proyecto europeo, que en aquel momento se conocía como **Comunidad Europea del Carbón y del Acero** (CECA) y que se limitaba a cuestiones meramente comerciales y económicas.

Los seis Estados que formaron la CECA en 1952 fueron: Alemania –entonces, República Federal de Alemania–, Bélgica, Francia, Italia, Luxemburgo y los Países Bajos. Estos países decidieron unir sus fuerzas y construir una entidad económica supranacional, al tiempo que invitaban a los pueblos de Europa a compartir sus mismos ideales «a asociarse a su esfuerzo». Más adelante, en 1958, amplió sus finalidades y se transformó en la **Comunidad Económica Europea** (CEE).

Con la firma del Tratado de Maastricht (1992), la Comunidad Económica Europea se convirtió en la **Unión Europea** (UE). Sin embargo, la realidad de esta unión de Estados se mueve entre una gran ambigüedad: funciona como un gran mercado con mucho éxito, pero la construcción de una federación política supraestatal parece aún un objetivo difícil de alcanzar, pues los Estados son muy celosos de su soberanía. Ciertamente, los Estados miembros de la UE han creado instituciones comunes en las que delegan parte de su soberanía con la finalidad de que estas puedan tomar, de forma democrática, decisiones sobre cuestiones de interés común para toda la Unión, pero aún queda un largo camino por recorrer.

Aunque los Estados de la UE constituyen un mosaico con una gran diversidad en su historia, cultura, población, geografía, modelo político y territorial de Gobierno, comparten un conjunto de compromisos políticos, económicos y jurídicos que han asumido en el proceso de integración europea. Estos compromisos se sintetizan en los llamados Criterios de Copenhague, que exigen que el Estado posea un gobierno democrático, reconozca los derechos y libertades de los ciudadanos, y tenga instituciones estables que garanticen la democracia, el Estado de derecho, el respeto de los derechos humanos y la protección de las minorías. Además de estos criterios políticos, los Estados miembros han debido cumplir un conjunto de exigencias económicas: tienen que poseer una economía de mercado viable, ser capaces de competir ante la presión del mercado en el seno de la Unión, asumir las obligaciones que comporta la adhesión a la UE, y aceptar los objetivos de la unión política, económica y monetaria. Finalmente, se exige la adaptación a las estructuras administrativas de la UE, así como adecuar la legislación del Estado para armonizarla con el cuerpo de la legislación europea.

La UE lleva a cabo una Política Exterior y de Seguridad Común (PESC) que le permite actuar y expresarse con una sola voz en el ámbito internacional. Los objetivos de la PESC consisten en mantener la paz y reforzar la seguridad internacional, fomentar la cooperación internacional con terceros Estados y desarrollar y consolidar la democracia y el Estado de derecho, así como el respeto de los derechos humanos y de las libertades fundamentales. Con este propósito, la UE ha llevado a cabo pluralidad de actuaciones en diversos países.

España se ha implicado en la política común de seguridad y defensa apoyando políticamente y aportando medios económicos y efectivos militares a las misiones de la UE, especialmente en las regiones del Cuerno de África y África Occidental.

Amplía

Los principales tratados que conforman la UE son los siguientes:

El Tratado de la Unión Europea es el texto base en que se esbozan los principios constitucionales de la UE.

El Tratado de Funcionamiento de la Unión Europea contiene los procedimientos jurídico-políticos de funcionamiento de la UE. Se nombra y define el sistema comunitario, y en él se establece la mayor parte de la acción política concreta de la UE.

La Carta de los Derechos Fundamentales de la Unión Europea, que no es propiamente un tratado, pero tiene el mismo rango constitucional e idéntico valor jurídico que los anteriores.

Amplía

Hoy, la Unión Europea está integrada por veintiocho países, engloba a casi quinientos millones de personas, y entre sus competencias hay muchas cuestiones que afectan a la vida cotidiana de los ciudadanos, como las fronteras, la moneda, parte de los impuestos o las comunicaciones.

Los pueblos de la Unión Europea comparten un conjunto de valores y elementos culturales: son países democráticos. Para ellos son valores fundamentales la libertad y la justicia, y se preocupan por la paz, la seguridad y el bienestar de sus ciudadanos. El intento de construcción europea ha dado resultados positivos porque se ha basado en la paz, el diálogo y el respeto entre las personas y los grupos.

En esta unidad hemos aprendido que:

- Cómo concibe la seguridad y la paz la Carta de las Naciones Unidas.
- Cómo esta concepción ha variado a partir del final de la guerra fría.
- Cómo ha variado la idea de *amenaza*.
- Qué significa el término *soberanía*.
- Que no hay derechos humanos sin seguridad y paz.
- Que existen nuevas amenazas para la paz y la seguridad: terrorismo, narcotráfico y crimen organizado.
- Cómo concibe el Estado la Constitución española.
- Qué funciones constitucionales desempeñan las Fuerzas Armadas.
- Cuáles son los límites en la actuación de unas fuerzas armadas democráticas.
- Qué compromisos tiene España con la ONU, la OTAN y la UE.
- En qué misiones internacionales participan o han participado las Fuerzas Armadas.

TICS de ética

1. Sobre los temas tratados en esta unidad pueden consultarse algunas webs como:
   http://qr.teide.eu/00UX
   http://qr.teide.eu/00UY
   http://qr.teide.eu/00UZ
   http://qr.teide.eu/00V0

2. Trabajo en equipo. Formad equipos de 3 o 4 compañeros. Con la ayuda del profesor o profesora repartíos el mundo en tantas zonas como grupos se hayan formado. Cada grupo elaborará un dosier sobre los conflictos armados que haya en su zona, buscará y anotará quiénes son sus protagonistas, sus causas, sus perspectivas de solución y todos aquellos aspectos que puedan ayudar a comprender los conflictos.

3. Lee con atención el artículo de este enlace *http://qr.teide.eu/00UW* y responde las cuestiones planteadas:
   a) Haz un esquema del texto.
   b) Anota todos los datos históricos referenciados en el texto.
   c) ¿Qué es el Estado islámico? ¿Qué es un califato?
   d) En el texto se citan algunos nombres de persona. Di quiénes son y por qué se los conoce.
   e) ¿A qué se refiere el autor con la expresión «nuestros valores»?
   f) ¿Quiénes iniciaron la guerra de Irak? ¿Cuándo se inició?

ACTIVIDADES DE CONSOLIDACIÓN

1. ¿Es genética la violencia?

La Declaración de Sevilla sobre la Violencia (UNESCO, 1992) indica que es científicamente incorrecto decir que:

Hemos heredado de nuestros ancestros animales la tendencia a guerrear. Aunque se produzcan peleas en diferentes especies animales, solo se han observado algunos casos de lucha destructiva en el seno de una misma especie en animales en libertad.

La guerra o el comportamiento violento están programados genéticamente en la naturaleza humana. Excepto en patologías infrecuentes, los genes no producen individuos necesariamente predispuestos a la violencia.

En el transcurso de la evolución humana se ha producido una selección del comportamiento agresivo en perjuicio de otros tipos de comportamiento.

Los humanos tienen un «cerebro violento». Nuestra forma de actuar depende de cómo nos hemos acondicionado y socializado. No hay ningún elemento en nuestra neurofisiología que nos predisponga a reaccionar con violencia.

La guerra se debe al «instinto» o cualquier otra motivación única. Además, cabe recordar que la misma especie que inventó la guerra es capaz de inventar la paz. La responsabilidad nos corresponde a todos y cada uno de nosotros.

a) Comenta cada uno de los cinco puntos en que se resume el documento de la UNESCO sobre la supuesta violencia natural del ser humano.

b) Ilustra con ejemplos las afirmaciones que hace la Declaración.

c) Explica si estás de acuerdo o no, y en qué grado, con la Declaración. Puede serte útil consultar la Declaración entera en la web: *http://qr.teide.eu/00Z5*.

2. Comenta estas seis frases y escribe unos datos biográficos sobre cada uno de sus autores:

1) «La paz duradera es más que la intervención de los cascos azules en el campo. El mantenimiento efectivo de la paz exige una noción más amplia de la seguridad humana. No podemos estar seguros rodeados por el hambre, no podemos construir la paz sin aliviar la pobreza, no podemos construir la libertad sobre cimientos de injusticia» (Kofi ANNAN).

2) «La guerra es una invención, no una necesidad biológica» (Margaret MEAD).

3) «Dicen que nuestros antepasados indígenas, los mayas y los aztecas, hacían sacrificios humanos a sus dioses. Mujeres, yo me pregunto: ¿cuántos seres humanos han sido sacrificados al dios del capital en los últimos quinientos años?»(Rigoberta MENCHÚ).

4) «Cada arma que se fabrica, cada buque de guerra que se fleta y cada misil que se lanza, en última instancia, es un robo a aquellos que pasan hambre, a los que nadie alimenta, a los que pasan frío y no se pueden vestir. Este mundo armado no solo gasta dinero: también gasta el sudor de sus trabajadores, el talento de sus científicos, las esperanzas de sus niños» (Dwight D. EISENHOWER).

5) «Estoy firmemente convencido de que la mayoría de los pueblos del mundo prefieren vivir en paz y en seguridad. El deseo de paz de la humanidad solo puede convertirse en realidad mediante la creación de un gobierno mundial» (Albert EINSTEIN).

6) «Seguramente os han enseñado que la paz es aquello opuesto a la guerra, como a mí. Pero ¿es cierto? En la India, la paz es una lucha diaria para conseguir comida, cobijo y dignidad» (Arundhati ROY).

3. ¿Es cierto lo que afirma Eduardo Galeano acerca del Consejo de Seguridad y la producción armamentística? Justifica tu respuesta con datos.

«Las decisiones, la sartén por el mango, la tienen cinco países en el Consejo de Seguridad, que son los que pueden vetar. Fíjate tú, qué retrato del mundo, ¿no? Es increíble: las cinco potencias que velan por la paz son las cinco principales productoras de armas; quienes hacen el negocio de la guerra se ocupan de la paz, en este mundo que está patas arriba.»

Eduardo GALEANO

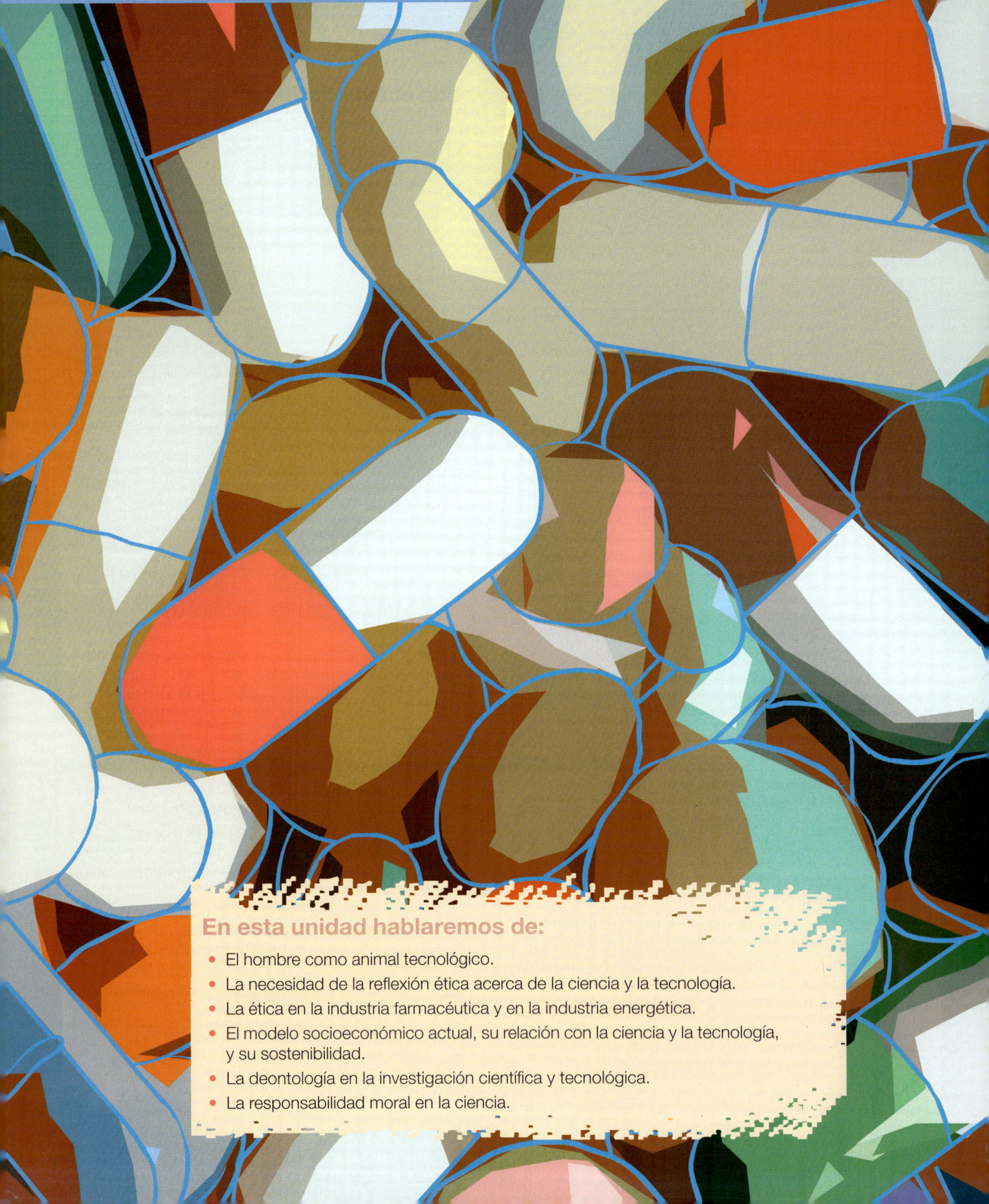

En esta unidad hablaremos de:

- El hombre como animal tecnológico.
- La necesidad de la reflexión ética acerca de la ciencia y la tecnología.
- La ética en la industria farmacéutica y en la industria energética.
- El modelo socioeconómico actual, su relación con la ciencia y la tecnología, y su sostenibilidad.
- La deontología en la investigación científica y tecnológica.
- La responsabilidad moral en la ciencia.

Ciencia, tecnología y dilemas morales

UNIDAD 9

El poder de la ciencia en nuestra sociedad ha llegado al punto del dogma. Si lo dice un científico de Harvard o de Stanford, tiene que ser verdad. Exaltamos las credenciales académicas como si fueran chalecos antimentiras. Y sin embargo la solidez de la realidad científica, su aparente incontestabilidad, la pulcritud de su método, tal vez sean una ilusión más.

Desde abril del 2015 ha estado circulando y causando conmoción un editorial escrito por Richard Horton, el director de *The Lancet*, una de las revistas científicas más antiguas y con mayor prestigio del mundo. Horton escribe:

«Mucha de la literatura científica, la mitad quizá, podría ser, simplemente, falsa. Afligida por estudios con muestras demasiado pequeñas, efectos minúsculos, interpretaciones inválidas, flagrantes conflictos de intereses, aunado a una obsesión por perseguir modas y tendencias de dudosa importancia, la ciencia ha tomado un giro hacia la oscuridad».

La afirmación de Horton es contundente e inquietante por lo que concierne al edificio de realidad que construye la ciencia en nuestra sociedad. Horton cree que una posibilidad para cambiar las cosas es simplemente retirar todo incentivo y promover la colaboración y no la competencia. Marcia Angell, exeditora del *New England Medical Journal*, se hace eco:

«Simplemente no es posible creer en mucha de la investigación de clínica que se publica, o depender del juicio de médicos confiables y de las guías médicas. No me produce placer esta conclusión, a la cual he llegado con reticencia en mis más de dos décadas como editora del *New England Journal of Medicine*».

Si no podemos creer en la ciencia, ¿en qué podemos creer? Desde la perspectiva del lector o del consumidor de ciencia que no es parte de la academia, parece importante desarrollar una mirada crítica y ser capaz de detectar cómo los medios y ahora los mismos científicos utilizan encabezados para llamar la atención y sesgar el interés. Tener presente que muchos estudios científicos obtienen sus fondos directa o indirectamente de corporaciones –las farmacéuticas, por ejemplo– o por parte de gobiernos y en su agenda quieren avanzar ciertos proyectos y legitimar ciertos conceptos. Para que pueda mantener sus posiciones y fondos, en muchas ocasiones el científico se coloca al servicio del mantenimiento del *statu quo*. Es necesario dudar de lo que se nos presenta como real bajo un marco perfectamente realista, dudar de todo, como ya decían los filósofos y, al mismo tiempo, no tomarse las cosas demasiado en serio. Empecemos por dudar de nuestras creencias acerca de lo que denominamos *Ciencia*.

a) ¿Qué significa que la ciencia ha llegado al punto de dogma? Pon algún ejemplo.

b) Resume, con tus propias palabras, lo que te parezca más sustancial de las citas de Richard Horton y Marcia Angell.

c) ¿Cuál crees que debería ser el objetivo de la ciencia? ¿Crees que actualmente lo cumple? Razona tu respuesta.

1. La necesidad de la reflexión ética de la ciencia y la tecnología y los dilemas morales

Ya desde los inicios del pensamiento occidental, se ha definido al hombre como *animal racional*. Esta definición destaca la diferencia entre nuestra especie y el resto de los seres vivos del planeta.

Esta capacidad superior de razonar, desde los inicios de la especie *Homo*, ha permitido al hombre ir adquiriendo una interacción con el medio cada vez más ajustada a sus necesidades. Así, el dominio del fuego permitió tener calor y digerir mejor los alimentos, o la rueda permitió una revolución en los transportes. Este progresivo dominio del medio es lo que llamamos *técnica*, sin la cual el hombre no sería distinto de muchos otros animales. Gracias a ella, ha podido suplir su inferioridad física: sin potentes músculos como el tigre, colmillos ni garras, desde los albores de la humanidad inventó técnicas de caza y armas como el arco, mucho más efectivo que la agilidad y la velocidad de cualquier animal. De este modo, técnica y humanidad son inseparables: a medida que el hombre ha ido desarrollando la tecnología, la tecnología ha ido desarrollando al hombre, hasta el punto de que hay autores que lo definen como *animal tecnológico*.

Así, a lo largo de los siglos, los avances tecnológicos se fueron sucediendo de manera gradual, pero lenta. Cada mejora técnica tardaba su tiempo en propagarse, y la ciencia, como estudio teórico y sistemático de la realidad, no tenía vinculaciones tecnológicas como hoy en día.

En estas dos imágenes queda reflejada la condición de animal tecnológico del ser humano. El arco que el cazador africano usa habitualmente para procurarse alimento o las máquinas-herramienta de una empresa moderna son ambas tecnología.

De hecho, si un romano del siglo I a.C. avanzara de golpe en el tiempo, pongamos, por caso, 1 000 años, y se encontrara en la Europa medieval del siglo IX, no notaría grandes avances en comunicaciones, en medicina ni en muchos otros campos tecnológicos o científicos. En cambio, a nuestros abuelos, de los que solo nos separan unos cincuenta años, les parece casi un milagro Internet, las tabletas o los teléfonos inteligentes, artefactos hoy en día al alcance de la mayoría de las personas en nuestra sociedad.

En este grabado pueden verse algunos de los principales inventos que transformaron la sociedad moderna durante la Revolución Industrial.

Sin embargo, hasta la llamada Revolución científica de los siglos XVI y XVII, el hombre seguía percibiéndose dominado por la naturaleza. No es hasta estos siglos, a través del avance en distintas ciencias como la física, la química, la astronomía y las matemáticas, que el hombre occidental empieza a imaginar un futuro no muy lejano en el que él, a través del conocimiento de la naturaleza, la pueda dominar. Esta idea se irá implementando de manera exponencial a partir de la revolución industrial del siglo XIX, pero especialmente en las últimas décadas, donde la tecnología y la ciencia están estrictamente unidas, y los avances tecnológicos son muy rápidos: las generaciones de ordenadores, teléfonos móviles, tabletas, etc., se suceden a una velocidad vertiginosa, y los descubrimientos científicos suelen tener aplicaciones tecnológicas muy inmediatas, igual que las nuevas tecnologías permiten a los seres humanos nuevos avances científicos. Sin ir más lejos, ahora nos parece que no podríamos vivir sin móvil o Internet. Se han integrado en nuestras vidas. Pero hace 25 años no existían tal y como hoy los conocemos.

De este modo, es innegable que cada vez interaccionamos más aceleradamente con la tecnología, a la vez que la ciencia se erige como un conocimiento incontestable y absoluto. Parece, pues, que el pronóstico del hombre traspasando los límites de la naturaleza a través de la ciencia y la tecnología se está convirtiendo en realidad.

¿O tal vez la tecnología está traspasando los límites del hombre? Parece ser que estamos de lleno en un nuevo paradigma de interrelación entre hombre y tecnociencia, donde es más necesario que nunca cuestionarse una serie de preguntas: ¿cuál es el objetivo de la ciencia? ¿Y el de la tecnología? ¿Quién debe gobernar esa tecnología y la propia ciencia? ¿Con qué propósito? ¿La investigación científica debe tener limitaciones? ¿Cuáles? ¿Por qué?

Estas y una infinidad de cuestiones más que necesitan de una reflexión ética profunda se abren ante el vertiginoso rumbo al que estamos asistiendo de la interrelación entre tecnología, ciencia y vida humana. De su respuesta depende el futuro y la supervivencia de la humanidad.

Actividad

1. Intenta resolver las preguntas planteadas en este apartado razonando cada respuesta.

2. Investigación, aplicación científica y tecnológica

El desarrollo de la ciencia y la tecnología nos está dando el poder sin precedentes de controlar una infinidad de variables que tienen que ver con la propia vida, la existencia y el mundo. Este gran poder que nos está confiriendo la ciencia y la tecnología puede comportar muchos beneficios, pero también los peores perjuicios. Como ejemplo paradigmático, tomaremos los descubrimientos de la radioactividad: gracias a ellos se han podido crear herramientas de diagnóstico y tratamiento de enfermedades, a la vez que han servido para crear la bomba atómica que arrasó Hiroshima y Nagasaki, donde murieron más de 200 000 personas en cuestión de segundos. También sabemos que la tecnología ha avanzado lo suficiente como para que las armas de destrucción masiva puedan acabar con la vida en la Tierra con solo apretar un botón.

Por lo tanto, este gran control que nos confiere la ciencia y la tecnología es, a la vez, una gran responsabilidad.

Muchas veces concebimos la ciencia como algo incuestionable. De hecho, sus logros en nuestra calidad de vida suelen serlo. Esto la ha elevado casi a la categoría de dogma: incluso en los anuncios de televisión, para reafirmar la validez del producto que nos venden, podemos escuchar: «comprobado científicamente». Pero su valor como saber teórico del mundo debe matizarse. Al contrario de lo que se pueda creer, la «demostración científica» no implica «infalibilidad». Así, el mundo en el que vivimos, muchas veces nos muestra la ciencia como una actividad neutral, independiente, completamente racional, que sigue una lógica estricta, y con un progreso constante que nos acerca cada vez más al conocimiento de la realidad para satisfacer nuestras necesidades.

Sin embargo, no es así. La actividad investigadora no es ajena a los factores sociales, económicos ni culturales; de hecho, muchas son las voces que cada vez más se alarman con su excesiva dependencia e inserción dentro de la lógica de la economía de mercado, donde el valor de las actividades y los productos se calcula, básicamente, según las ganancias económicas.

Así, el poco rigor científico, esconder resultados contradictorios, muestras demasiado pequeñas o directamente falsación de estas, y muchas otras prácticas son algunas de las críticas que han recibido ciertas investigaciones científicas en diversos campos como consecuencia de:

1. Carrera desafortunada de competitividad, para conseguir prestigio y reconocimiento.
2. Instrumentación de la investigación, para buscar beneficios económicos o favores legislativos por encima de otros fines más éticos.
3. La falacia del plano inclinado (*slippery slope*), según la cual un descubrimiento científico lleva a otro, como si se deslizara por una pendiente resbaladiza. Por ejemplo, la investigación con células madre lleva, inevitablemente, a la clonación humana.

Actividades

A **2.** Busca ejemplos de anuncios publicitarios en los que se apele a la ciencia para convencer al público de su bondad y eficacia. ¿Por qué crees que esta apelación es efectiva?

3. Dos campos cruciales donde revisar la ética de la investigación científica

1. La industria farmacéutica

Uno de los casos más evidentes es la industria farmacéutica, uno de los sectores más prolíficos a nivel mundial. Es un campo tecnológicamente muy avanzado que precisa de una gran inversión económica en actividades de investigación y desarrollo (I+D), producción, control de calidad y *marketing*. Es innegable que los avances en farmacología y en medicamentos nos han traído enormes beneficios. Gracias a ellos, una gran cantidad de afecciones que hace menos de un siglo eran incurables hoy en día se pueden tratar con la simple toma de fármacos. Se puede decir que han salvado muchas vidas.

Sin embargo, es cierto que esta enorme popularidad también nos está abocando a un abuso de los fármacos, y cada vez son más las voces críticas contra prácticas «éticamente cuestionables», donde el rendimiento económico supera la búsqueda de la salud o la paliación del dolor. Ha llegado al punto en el que voces reconocidas nos dicen que la mala administración de fármacos, vacunas y otros tratamientos médicos podría ser la tercera causa de muerte en el mundo occidental. Así, cada vez hay más personas que acusan a las empresas farmacéuticas de, por ejemplo, esconder efectos secundarios de los medicamentos, de investigar para buscar el «consumo crónico» en vez de «la curación», investigar enfermedades o campos «rentables» para presionar políticamente y conseguir legislaciones a su favor, o de incentivar económicamente, incluso presionar, a los médicos para prescribir determinados medicamentos.

Otra de las acusaciones es la administración de los medicamentos en fases de pruebas en personas con pocos recursos de países subdesarrollados, y así eludir los protocolos que se exigen en los países occidentales.

También las patentes médicas, que aseguran el derecho de comercialización exclusiva de un producto a un laboratorio, tienen asociadas cuestiones éticas, ya que permiten, en muchos casos, el encarecimiento de los productos y, por lo tanto, se restringe el acceso a ellos.

Muchas veces, la justificación empresarial de este sector es que para la investigación se necesitan grandes cantidades de dinero. Y eso es innegable. Como también lo es que se calcula que es el cuarto sector a nivel mundial con la cota más alta de ganancias, con miles de millones al año. ¿Es legítimo que haya patentes en este campo? ¿Es legítimo que una empresa farmacéutica pueda compensar a los médicos para que receten sus medicamentos? ¿Es legítimo que se busquen medicamentos de consumo crónico antes que otros cuya finalidad sea la curación? ¿Es legítimo que haya mucha gente que muera porque no puede pagar los medicamentos necesarios para su dolencia? ¿Es legítimo probar medicamentos en gente que no puede entender el riesgo que corre al hacerlo? ¿En qué medida es legítimo que el beneficio económico esté por encima de la salud?

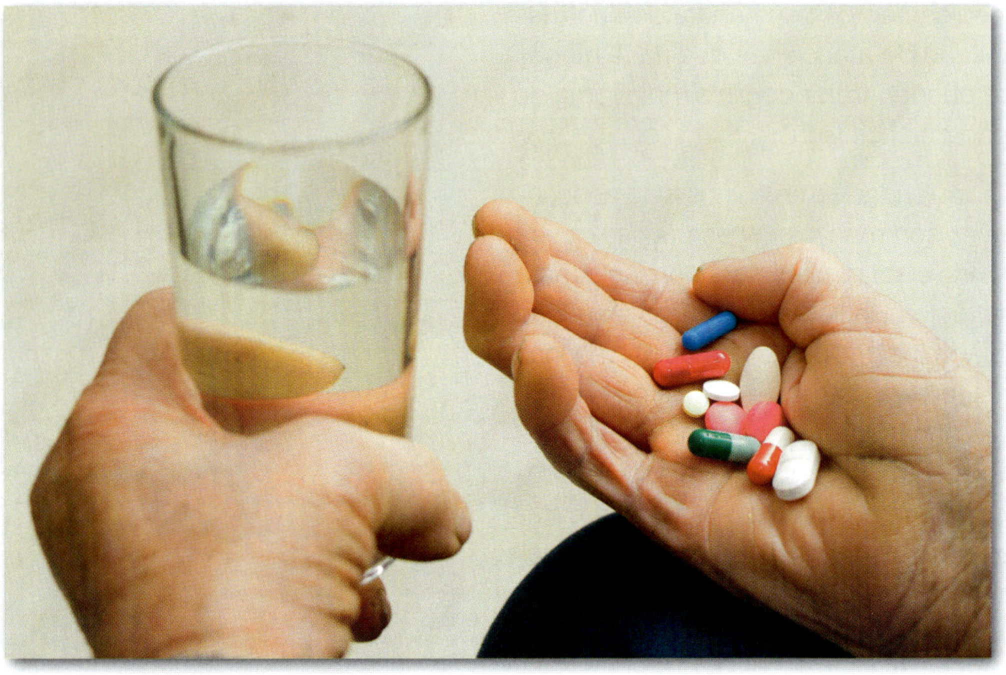

La tentación de los enormes beneficios producidos por la venta de medicamentos ha llevado a muchos críticos con el sistema sanitario y las farmacéuticas a hablar de una sociedad medicalizada. En esta, los pacientes, especialmente las personas mayores, que obviamente tienen más problemas de salud debido a su edad, se convierten en meros consumidores de medicamentos.

Actividades

3. Intenta responder, según tu opinión, a algunas de las cuestiones que acabamos de plantear.

4. En Internet se hallan muchas páginas que tratan esta temática, pero hay que utilizarlas con criterio, ya que las farmacéuticas no solo hacen propaganda a través de este medio, sino que intentan rebatir todas las críticas que reciben. Busca algunos ejemplos de lo que acabamos de decir.

La industria energética

Llegamos a casa y encendemos la luz. Nos desplazamos en coche, en transporte público, cocinamos... Muchos de nuestros actos cotidianos dependen de la energía. Para que pueda seguir funcionando, nuestra sociedad occidental necesita una gran cantidad de energía, demanda que aumenta a diario. Pero ¿de dónde sale la energía?

Como podemos apreciar en el gráfico, más del 86 % de la energía proviene de combustibles fósiles. Estos, como su nombre indica, se han generado en la Tierra durante millones de años. De hecho, los estamos extrayendo muchísimo más rápido que el tiempo necesario para regenerarse (¡millones de años!) y, por lo tanto, cada vez hay menos.

Además, la quema de combustibles fósiles genera problemas tanto de salud a los humanos como medioambientales, ya que los gases que generan son el principal causante del efecto invernadero y, por lo tanto, del calentamiento global.

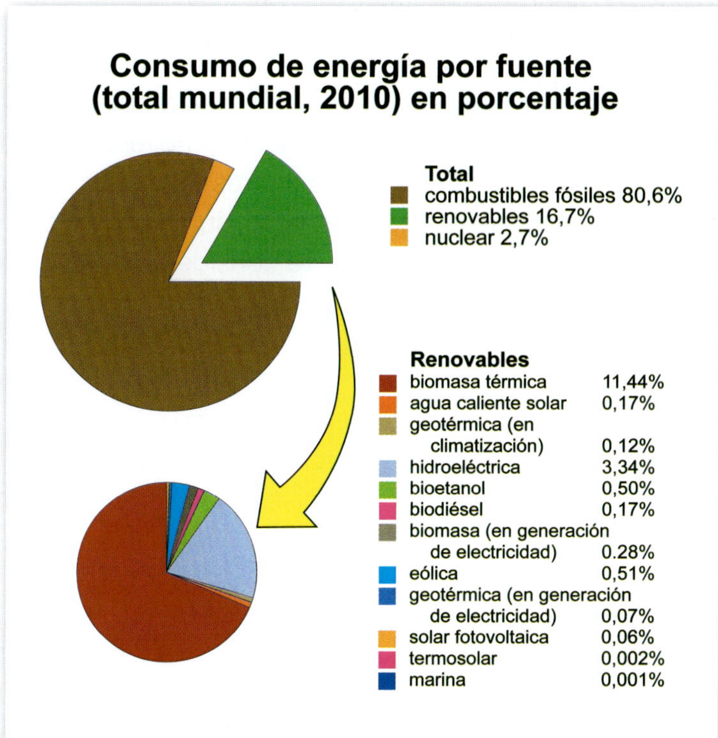

Por otro lado, la energía eléctrica de consumo industrial y doméstico en los países occidentales proviene en un porcentaje muy elevado de centrales nucleares. Así, a través de la radiactividad se produce una gran cantidad de energía eléctrica para satisfacer nuestras necesidades energéticas. Sin embargo, como nos ha enseñado la historia no muy lejana, esta industria no carece de problemas: en primer lugar, los residuos que produce son extremadamente peligrosos, con un potencial de contaminación que dura muchos años (miles). En segundo lugar, las catástrofes nucleares de Chernóbil en 1986 o de Fukushima en el 2011 nos demuestran que la energía nuclear es altamente peligrosa, tanto para los humanos de hoy en día como para las generaciones futuras.

La alternativa a estas fuentes de energía son las llamadas *energías renovables*, las cuales tienen la virtud de que su impacto en el medioambiente y en la salud es mínimo. Sin embargo, si nos fijamos en el gráfico del margen, son solo un 9 % del total. Por lo tanto, es necesario promover la investigación científica para desarrollar estas tecnologías, al mismo tiempo que hay que incentivar su uso por encima de las otras formas energéticas.

El problema es que, nuevamente, hay grandes intereses económicos tras las energías no renovables. Países enteros basan su economía en la extracción y venta de crudo, con la cual algunas multinacionales logran beneficios multimillonarios.

Los problemas medioambientales y el actual modelo económico

Hace ya varias décadas que no solo el mundo científico, sino la propia sociedad, está tomando conciencia de que tenemos un problema de sostenibilidad de nuestros modelos socioeconómicos. Por un lado, los gases de efecto invernadero están aumentando las temperaturas, provocando la desertización y subida del mar y la disminución de agua potable. También la biodiversidad está disminuyendo a un ritmo acelerado, y la contaminación de los suelos, atmosférica y de los océanos empieza a ser un problema de salud grave en muchas zonas del planeta.

Pero tras todos esos problemas hay un modelo socioeconómico en el que se basan nuestras sociedades, que parte de una antigua presuposición: la Tierra es infinita, por lo tanto, sus recursos son inagotables. Esta presuposición ha sido, a grandes rasgos, eficiente durante gran parte de la historia de la humanidad. Sin embargo, el crecimiento exponencial de la población humana (gráfico) y la presión sobre los recursos medioambientales nos podría llevar a la destrucción, en un futuro no muy lejano, si no repensamos esta proposición. De hecho, si nos fijamos en los indicadores económicos que sirven para saber si un país es próspero económicamente, su dato principal es el crecimiento. Si la economía no crece o decrece, se considera negativo; si crece, se considera positivo.

Actividades

5. Busca información sobre la economía ecológica, la economía verde y la bioeconomía.

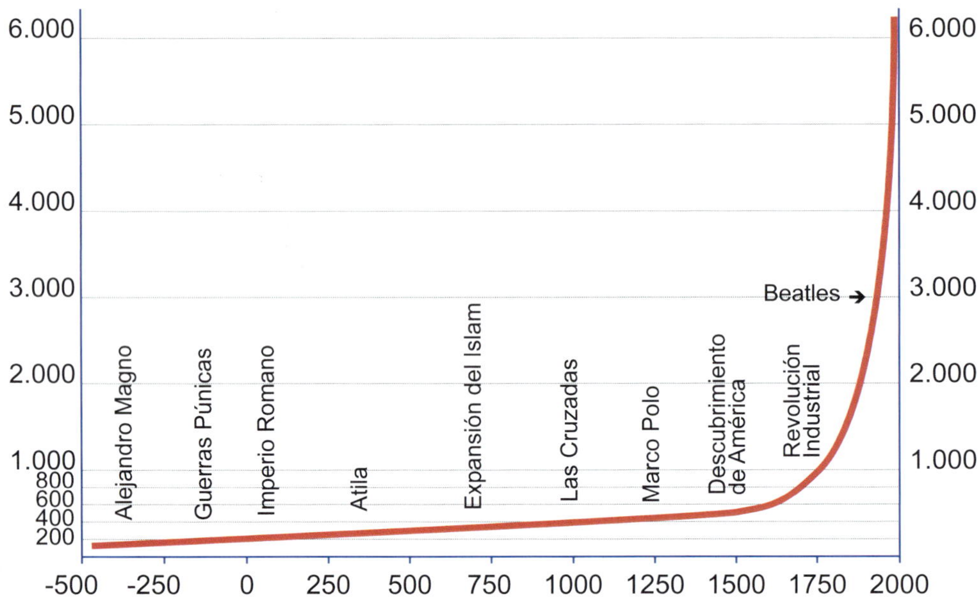

Afortunadamente, existen otros modelos, aún sin mucha repercusión hoy en día, donde la sostenibilidad se tiene en cuenta o es el valor principal. Es la llamada *economía ecológica*, *economía verde* o *bioeconomía*.

Por lo tanto, es crucial que la investigación tecnológica y científica cambie su orientación para ponerla al servicio de un modelo socioeconómico que cumpla con los derechos humanos y los criterios de sostenibilidad en beneficio del conjunto de la humanidad.

4. Ciencia y ética: la deontología de los científicos

La responsabilidad ética de los proyectos científicos

Ya hemos visto que son muchas las implicaciones entre la ciencia y la ética, pero la ciencia es, en definitiva, un producto de los científicos, las personas que realizan las investigaciones. No obstante, aunque estas son las ejecutoras materiales, también es verdad, como hemos expuesto, que cada vez más dependen de recursos privados, que disponen del gran capital tecnológico que se requiere para llevarlas a cabo. Y aquí se nos presenta un primer gran problema: ¿sobre quién recae la responsabilidad última de cualquier investigación y aplicación tecnológica: sobre los individuos que las efectúan o sobre las empresas que las patrocinan y dirigen? ¿Hasta qué punto son responsables los propios científicos en tanto que personas individuales?

En principio, las investigaciones y avances científicos y tecnológicos tienen como objetivo mejorar las condiciones de la vida humana. Desgraciadamente, en la práctica no ha sido ni es así: una cantidad muy importante de investigación científico-tecnológica a nivel mundial se destina a campos con una finalidad ética más que dudosa, como por ejemplo la industria armamentística. Otros, como el farmacéutico al que nos hemos referido, o la investigación agropecuaria, aunque aparentemente tienden al bienestar de la sociedad, persiguen objetivos no tan dignos de alabanza. Desgraciadamente, estos otros objetivos (relacionados con los beneficios económicos y el poder) acaban teniendo más peso. Sin ir más lejos, se sabe que sectores de la farmaindustria y la agroindustria (la conocida Monsanto, por ejemplo, y otras muchas multinacionales del sector) han sido acusadas de corrupción, falsificación de pruebas y otros tipos de malas prácticas que repercuten directamente en la pérdida de salud y en la destrucción del medioambiente, cuando sus principales objetivos deberían dirigirse a la mejora de nuestra calidad de vida y al abastecimiento de alimentos sanos, respectivamente. Sin embargo, las farmacéuticas niegan medicamentos donde son más necesarios y eluden investigar en campos sumamente necesarios porque no son rentables. Algo parecido ocurre con la agroindustria, que secuestra la soberanía alimentaria de los países con menos recursos. A modo de ejemplo, los defensores de los cultivos intensivos de transgénicos hablan de terminar con el hambre en el mundo. Sin embargo, hay muchas dudas de si esas mejorías son significativas o comportan mayores perjuicios: la degradación ambiental asociada a este tipo de prácticas (como la enorme contaminación de suelos y aguas, deforestación, pérdida de biodiversidad, etc.) puede ser peor que los supuestos beneficios.

En el plano tecnocientífico y en su vertiente comercial, se suelen atribuir las responsabilidades de este tipo de actuaciones y enfoques de la investigación a los gobiernos y a la subyugación de estos a los intereses de las grandes industrias. Sus justificaciones son, normalmente, la prosperidad económica que conlleva la generación de puestos de trabajo y que, para ello, deben alcanzar la máxima rentabilidad. Este tipo de justificaciones tiene diversos cuestionamientos éticos asociados a la legitimidad de buscar el beneficio económico a corto plazo sin una visión global y sostenible.

La manipulación de los cultivos puede crear situaciones incontroladas de agotamiento de los recursos, especialmente en las zonas del planeta más desfavorecidas.

Pero aquí se nos plantea otra cuestión relacionada con la temática que nos ocupa: ¿hasta qué punto se puede hacer responsables a los trabajadores o a la sociedad que permite estos perjuicios generados? Seguramente, hay que distinguir niveles de responsabilidad: no es la misma la del trabajador cuya misión es transportar materias primas, que la del genetista que está investigando la manipulación genética de semillas, que la del ciudadano que no está suficientemente informado de estos temas. O aquellos que, para obtener más beneficios o ascender en el trabajo, incurren en malas prácticas como la manipulación de resultados, pirateo de datos, experimentos contra la dignidad de las personas, etc. Hay casos claros, especialmente aquellos en los que trabajan en productos que, directamente, dañan a las personas, a los animales, al medioambiente, etc. Por ejemplo, el científico que investiga qué elementos potencian la mortalidad en las armas químicas no puede excusarse diciendo que él se limita a hacer experimentos de combinaciones químicas en el laboratorio y que no será él quien use los resultados de sus investigaciones.

Todas estas consideraciones nos muestran la importancia de la ciencia y la tecnología, hasta el punto que podemos afirmar que de ellas depende en gran parte el futuro de la humanidad y que, por tanto, la responsabilidad ética de quienes trabajan en ellas es enorme. Desde antiguo, en algunas actividades como la medicina, se establecieron códigos deontológicos que los profesionales debían seguir.

La deontología de la investigación científica

Además de las normas morales generales que tenemos que cumplir como personas y ciudadanos, el ejercicio de cada profesión implica unas prácticas específicas que deben ser reguladas desde el punto de vista ético. Por eso, a la par que las profesiones se han ido especializando, se han formulado códigos deontológicos para cada una de ellas.

Sobre la investigación científica se han formulado algunos códigos deontológicos, pero todavía no existe uno estándar. La Unesco, por ejemplo, ha publicado algunos concretos, como el que se refiere a los trabajadores del parque nacional del Manu de Perú. Su introducción es una declaración de principios que deben servir como guía para toda práctica investigadora: «La investigación no es solo un acto técnico; es ante todo el ejercicio de un acto responsable, y desde esta perspectiva la ética de la investigación hay que planteársela como un subconjunto dentro de la moral general. Así pues, desde el punto de vista de la investigación, un acto ético es el que se ejerce responsablemente, evitando el perjuicio a personas y cualquier forma de vida de manera intencionada».

En consonancia con estas palabras, también encontramos la declaración más general hecha por la Comisión Mundial de Ética del Conocimiento Científico y la Tecnología (COMEST) de la Unesco sobre la definición de los objetivos y las prácticas éticamente aceptables de toda la actividad científico-tecnológica: «La ética de la ciencia y la tecnología constituye la prioridad más importante del Sector de Ciencias Sociales y Humanas de la Unesco. Habida cuenta del papel dirigente que desempeña en el plano de la ética a nivel internacional, la Organización tiene por objetivo tratar los problemas morales planteados por las innovaciones científicas y tecnológicas. Esas innovaciones exigen a las comunidades humanas no solo que den muestras de espíritu de creatividad, sino que adopten las medidas apropiadas para asegurarse de que los adelantos científicos y tecnológicos se utilizarán en beneficio de toda la especie humana. El rápido progreso de la ciencia y la tecnología es fascinante y supone un desafío constante para nuestra imaginación y nuestras expectativas, pero exige al mismo tiempo que ahondemos en nuestra comprensión de sus repercusiones éticas. Por otra parte, cabe decir que la ciencia y la tecnología pueden suscitar temores y generar riesgos. Los peligros que pueden derivarse de ellas para el medioambiente y la salud del género humano y las especies animales no solo plantean incertidumbres en el ámbito estrictamente científico y tecnológico, sino que además suscitan preocupaciones en el plano económico, social y ético. Para responder a esas incertidumbres, es necesario efectuar un análisis detenido y sistemático de las mismas en el que han de participar no solo los científicos, sino también los encargados de la elaboración de políticas y el público en general».

Glosario

El término **deontología** (del griego *to deon*, 'lo conveniente', 'lo debido', y *logía*, 'conocimiento', 'estudio') se refiere al estudio de los deberes u obligaciones morales, y la palabra *código* indica un listado sistemático de deberes.

Investigación científica, ética y medios de comunicación

Pero los científicos no solo tienen el deber de realizar sus investigaciones siguiendo estos códigos éticos, sino que también tienen otra responsabilidad social: compartir su actividad y su saber con la ciudadanía, dado que la ciencia es un modo de conocimiento crucial para el ser humano, y solo mediante las buenas prácticas de esta será posible avanzar hacia una sociedad más justa. Como se ha repetido infinidad de veces, la ignorancia es la raíz de muchos perjuicios. Ciertamente, hay que aclarar qué significa este «compartir el saber». No se trata, por supuesto, del conocimiento estricto de todos los contenidos científicos. Para comprender las temáticas científicas a los niveles de los investigadores se necesita un alto grado de especialización. Pero esto no significa que tanto la comunidad científica como los medios de comunicación no tengan que esforzarse por acercar los descubrimientos científicos al público en general para entender, sobre todo, sus finalidades.

Amplía

«La ciencia siempre ha supuesto un problema para los medios de comunicación. No solo es aburrida, sino que además utiliza un lenguaje tan especializado que apenas se entiende. Por si fuera poco, la mayor parte de los periodistas no poseen una información demasiado completa en lo que a ciencia se refiere y no aciertan a comprender algunos de sus principios fundamentales, al igual que el público al que se dirigen, por lo que no resulta extraño que a veces se incurra en errores o equivocaciones que pasan prácticamente desapercibidos. En estos casos, la información se convierte en todo lo contrario y se presta a todo tipo de manipulaciones».

Dan Algin, *Las mentiras de la ciencia*

En esta unidad hemos aprendido que:

- El hombre es un animal tecnológico: a medida que el hombre ha ido creando tecnología, la tecnología ha ido conformando al hombre.
- El desarrollo de la ciencia y de la tecnología nos está dando un poder de control sin precedentes sobre la naturaleza y sobre los procesos biológicos.
- Este poder puede acarrear muchos beneficios, pero también muchos perjuicios.
- La investigación científica no es una tarea estrictamente racional, infalible, neutral e independiente, sino que está sujeta a intereses económicos, sociales y culturales que muchas veces no se ajustan a los fines éticos contemplados en los derechos humanos.
- Un caso concreto es la industria farmacéutica, contra la que cada vez se alzan más voces contra su mala praxis sujeta a intereses económicos que no se ajustan a los derechos humanos básicos.
- Otro caso concreto es la industria energética, la cual no tiene en cuenta criterios de conservación medioambiental y de sostenibilidad: esto hace necesario que la investigación científica y tecnológica cambie la orientación de la obtención de energías de combustibles fósiles hacia a energías renovables.
- Es necesaria una deontología científica para tener criterios que orienten la investigación científica hacia la mejora del bienestar de toda la humanidad.

TICS de ética

1. En Internet, el tema de los medios de comunicación y la divulgación científica está muy tratada. A continuación, tienes una lista de direcciones web. Escoge una, cita alguna de las ideas o hechos que te han llamado la atención y di por qué:
   - *http://qr.teide.eu/00TA*
   - *http://qr.teide.eu/00TB*
   - *http://qr.teide.eu/00TC*
   - *http://qr.teide.eu/00TD*

ACTIVIDADES DE CONSOLIDACIÓN

1. Lee el siguiente texto:

«El desarrollo industrial y nuestro modo de ver la "prosperidad" nos han sumergido en un problema tan terrible como el cambio climático, aumentando y diversificando otros tipos de degradación de la biosfera. La ONU, la Unesco, la FAO, etc., nos alertan de que los efectos del calentamiento de la atmósfera afectarán más a los países pobres que a los ricos».

a) ¿A qué modelo de ver la «prosperidad» se refiere el texto? ¿Cuál sería un modelo alternativo de ver esta «prosperidad»?

b) Busca en Internet información donde se desarrollen los efectos del calentamiento global con relación a los países ricos y pobres. Encontrarás diversos documentos de la ONU, la Unesco y la FAO al respecto.

2. Lee el siguiente texto y responde las preguntas:

«Los humanismos del siglo XX, que tenían como base epistemológica el logos y el hombre como medida de todas las cosas, ya no se adecuaban a las nuevas sociedades de la información, la velocidad, la ciencia y la tecnología. Ese humanismo tradicional, inspirado en la cultura del libro y en el canon de los fundadores de la filosofía y la historia occidental, parecía que se estaba quedando obsoleto frente a los descubrimientos de la neurociencia que daban respuestas nuevas a los viejos conceptos de razón, emoción y conciencia.

Para Sloterdijk, el hombre del humanismo es un pensador autónomo y racional, capaz de mejorarse a sí mismo a través de la educación y la autorreflexión, pero los acontecimientos históricos como la matanza en la secundaria de Columbine, en Estados Unidos, nos muestran que la cultura humanista ha fracasado y que el potencial barbárico de la civilización está creciendo más cada día. Los instrumentos de la educación, el humanismo como ideal civilizatorio, no han dado los resultados esperados y, por tanto, la ingeniería genética podría ser el camino para mejorar al ser humano».

a) ¿Cuál es la idea básica del texto? ¿Qué relación tiene con el tema tratado en la unidad?

b) ¿Qué son el posthumanismo y el transhumanismo? ¿Qué relación tienen con el devenir de la ciencia y la tecnología? ¿Cuáles serían las cuestiones éticas que estarían implicadas en estas temáticas? Puedes indagar acerca de esta temática buscando información sobre las teorías de Sloterdijk, filósofo citado en el texto.

3. Lee el siguiente texto y opina:

«El método científico pretende desterrar ambigüedades y supersticiones y, por supuesto, el engaño. Pero los actores que desarrollan el papel de científicos son humanos y, como tales, débiles e imperfectos, y dispuestos a mentir si la ocasión lo requiere imperiosamente. Por supuesto, en esto hay tipos y grados. Existen auténticos profesionales de la mentira, no científicos que se hacen pasar por tales. Y entre los científicos los hay que han llegado a ser tan profesionales que se mueven en la ciencia como en un trabajo más, buscando ganarse la subvención o el sueldo y vendiendo para ello las "verdades" que mejor convengan a quien le paga. También los hay que sienten que algunos fines justifican los medios y mienten para acercar mejor a la sociedad a su realización. Y supongo que se mentirá por muchos otros motivos no expuestos aquí. La verdad es así, de esta y de otras variadas formas, traicionada en el mismo Templo del Saber».

Dan AGIN, *Las mentiras de la ciencia*. (adaptación)

4. Muchas veces pesamos que los accidentes nucleares se producen en lugares alejados o que simplemente no nos afectan. Sin embargo, existen muchas evidencias en las que se ocultan datos científicos a la población para no alarmarla. Investiga sobre el llamado «incidente de Palomares» y responde:

a) ¿Qué ocurrió?

b) ¿Cuál fue la reacción de las autoridades? ¿Y de los medios de comunicación?

c) ¿Qué estudios científicos hay al respecto? ¿Cuáles son los posibles efectos para la salud y el medioambiente?

d) ¿Crees que hay suficiente información para el público en general respecto a este incidente?

e) ¿Cuál es tu opinión sobre el suceso? ¿Qué «derechos» y «prácticas» piensas que son éticamente reprobables?